SUCCESS PATTERN
성공패턴

SUCCESS PATTERN

성공패턴

| 홍인기 지음 |

성공하는 패턴을 알면, 불필요한 시행착오는 사라진다

"상위 1% 사람들은 삶에 어떤 패턴을 적용했는가"

프롤로그

31살이 되었을 때 나는 살아갈 의지를 완전히 잃었다. 네 번째 시도했던 창업이 완전히 실패했기 때문이다. 무엇을 해도 되지 않는다는 무력감과 우울감에 아무것도 할 수 없었다.

내가 완전히 실패했다는 것을 깨달은 후에는 깊은 공허감만 몰려왔다. 앞으로 나는 무엇을 하고 살아야 할까? 늦은 나이에 다시 취업 준비를 해 회사에 들어가려 했지만, 아무도 받아주는 곳이 없었다. 스타벅스에서 바리스타로 일하려고 네 번이나 지원했지만 모두 불합격이었다. 통장에는 11,000원이라는 돈만 남아있었다.

나는 스스로에게 물었다.

'어디서부터 어떻게 무엇이 잘못된 걸까?'

어떻게든 답을 찾고 싶었다.

이때부터 성공한 사람들의 책과 영상에서 답을 찾기 시작했다. 이곳에 답이 있을 것 같았다. 세상에서 가장 큰 성공을 이룬 이들에게는 공통점이 있는 것 같았다. 성공한 모든 이들은 한때 어려움을 겪었고 크게 실패했다. 하지만 이들은 끝내 역경을 이겨내고 승리했다. 그들의 이야기

| 차례 |

| 1장 |

극한에서 반전까지

: 불굴의 의지로 인생을 뒤집은 사람들

| 2장 |

끝까지 가는 사람들의 법칙

: 시간을 다루는 능력

| 3장 |

인생을 확장시키는 법칙

: 생각의 폭을 넓히는 비밀 사고법

| 부록 |

| 1장 |

극한에서 반전까지

: 불굴의 의지로 인생을 뒤집은 사람들

"바닥까지 떨어지면
비로소 올라갈 방향만 남는다."

SUCCESS PATTERN

135kg 청소부에서
미 해군 네이비씰 대원이 된 남자

"너는 충분한 노력을 하고 있지 않아.
고작 잠재력의 40%를 썼을 뿐이라고."
데이비드 고긴스

폭풍우가 몰아치는 날씨, 세상에서 가장 힘든 훈련 과정 중 하나라는 네이비씰의 BUD/S 지옥주 기간. 훈련 조교 SBG가 앞에 있던 한 훈련생에게 외쳤다.

"좋아 고긴스. 이제 헤엄쳐서 너희 훈련생들의 보트를 찾아!"

말도 안 되는 임무였다. 해안에서 500m 가량 떨어진 차가운 바닷속을 지나 정확히 어디 있는지도 모르는 훈련생들의 보트를 찾으라는 사실상 불가능한 임무. 거기에 폭풍우까지 몰아치고 있었고 고긴스는 무릎도 다친 상태였다. 하지만 그는 이를 '위대한 인물'로 도약하는 도전으로 받아들였다.

그는 한 치의 망설임 없이 바다로 뛰어들었다. 사실 그는 다친 무릎에 무거운 부츠를 신고 있어 제대로 수영할 수가 없었다. 수 리터의 바닷물을 마셔가며 800m를 헤엄친 끝에, 여섯 대의 보트가 자신을 향해 오고 있다는 사실을 알아챘다. 아무도 그의 목소리를 들을 수 없는 폭풍우 속에서 그는 미친 듯이 소리쳤다. 그때 기적처럼 팀원들이 그의 외침을 들었고, 보트를 돌려 고긴스를 끌어올렸다.

"망할 고긴스, 너 미쳤어? 괜찮아?"

고긴스는 웃으며 답했다.

"이게 적극적인 리더의 모습이라고."

불과 9개월 전, 고긴스는 135kg이 넘는 거구로 바퀴벌레 잡는 일을 하고 있었다. 결혼 생활은 무너졌고, 원하지 않는 직업에서 비참한 삶을 버티고 있었다. 의욕 없는 삶을 지속하던 어느 날 TV에서 그는 한 장면을 보았다. 보트를 옮기며 파도와 싸우는 남자들, 머리 위로 통나무를 들고 달리는 남자들. 그곳은 세계에서 가장 강한 남자들이 모인 곳, 육체적으로 가장 힘든 훈련 중에서도 가장 고된 과제들을 행하는 곳. 바로 미 해군 특수부대 네이비씰이었다. 그 장면은 고긴스의 가슴을 들끓게 했다.

'나도 저렇게 되고 싶다.'

다음 날부터 고긴스는 전국에 있는 모든 해군 모집관들에게 전화를 걸었다. 절실함에 건 모든 전화에 돌아오는 건 차가운 거절뿐이었다. 직접 방문한 한 지역의 모병 사무실에서는 면전에 대고 웃음을 터트리기도 했다. 135kg의 과체중인 남자가 네이비씰에 들어가겠다니 누가 비웃지 않았겠는가. 그러던 중 해군 예비군 지역 부대에서 스티븐 샤조라는 부사관과 연결이 됐고, 고긴스는 이 만남을 '천운'이라고 표현한다.

"스티브 샤조를 만나지 못했다면 지금의 제가 없을지도 모릅니다."

가공되지 않은 다이아몬드를 찾는 것을 최우선 과제로 생각하던 그의 눈에 들어온 건 고긴스의 적극성이었다. 그가 마음에 들었던 샤조는 고긴스를 자신의 사무실로 불렀다.

그때 고긴스의 신체 조건은 신장 185cm, 체중 135kg. 네이비씰 지원 가능 최대 체중은 86kg이었다. 즉, 3개월 안에 약 49kg을 감량해야 했다. 고긴스는 그 도전을 받아들이기로 한다. 바퀴벌레 잡으며 아무런 의미 없이 살아가는 날로 다시는 돌아가고 싶지 않았기 때문이다.

그는 거의 아무것도 먹지 않은 채 체중 감량을 시작했다. 첫날, 366m를 달린 고긴스는 흙바닥에 쓰러져 숨을 헐떡거렸다. 고통스러웠지만, 매일 간단한 한 끼만 먹으며 8시간 동안 러닝, 사이클링, 수영, 웨이트를 반복했다. 3개월 만에 약 48kg을 성공적으로 감량한 고긴스는 진정한 남자들만 모인다는 네이비씰에 입교하게 된다.

고긴스는 이후 30개월 동안 혹독한 훈련을 받았다. 그 과정은 녹록지 않았다. 130시간의 지옥주에서 폐렴과 골절로 2번이나 중퇴해야 했고 그 탓에 1년의 기간 동안 지옥주를 3번이나 겪어야 했다. 3번째 235기로 훈련에 참여했을 당시 그는 무릎뼈가 손상되고 양쪽 정강이에 금까지 간 최악의 상태였다.

'이 상태로 가장 힘들다는 BUD/S 훈련을 버텨낼 수 있을까?'

고긴스는 자신에게 물었다. 거의 부서진 다리로 앞으로 얼마나 달릴 수 있을 것인가. 그는 테이프로 정강이와 발목을 감고 거기에 양말을 덧대어 신은 후 다시 테이프로 발목을 감아 다리를 보호하는 반깁스를 만들었다.

훈련 시작된 첫 30분 동안 그는 평생 최악의 고통을 느꼈다고 한다. 포기하고 싶어지는 생각에도 마음을 다잡고 이렇게 외쳤다.

"다리가 부러진 상태에서도 달릴 수 있는 사람은 고긴스 너뿐이야! 너는 로봇이야 고긴스!"

그러자 통증이 먼지처럼 사라져 나갔다. 고통의 한계를 정신력 하나로 극복한 것이다. 고통을 이겨내고 극한의 잠재력에 도전한 고긴스는 마침내 모든 훈련 과정을 마치고 네이비씰 BUD/S를 수료한 서른여섯 번째 아프리카계 미국인이 되었다.

고긴스는 이후에도

- **17시간 동안 턱걸이 4,000회로 세계 신기록**
- **울트라 마라톤, 철인 3종 경기 등 극한 레이스에 70회 차례 참여**
- **한 번도 힘들다는 육군, 해군, 공군의 지옥 훈련 모두 수료**
- **공군 전술 통제반 수료**

- 네이비씰 수료
- 육군 레인저스 수료
- 철인 4종 경기(326km) 울트라 센트릭 우승
- 울트라 마라톤(240km) 맥너튼 우승
- 9번이 넘는 울트라 마라톤 대회 연속 Top 9 와 같은 기록을 남겼다.

위대한 성취의 비결에 고긴스는 어떻게 답한다.

"모든 신체적, 정신적 한계는 진짜가 아닙니다. 불가능에서 벗어나기 위해서는 할 수 있는 한 모든 용기와 강인함을 마지막 한 방울까지 쥐어짜내야 합니다. 인간에게는 '한계 조절기'라는 것이 있습니다. 조절기는 우리가 스스로를 보는 방식, 남에게 보이는 방식을 결정하고 통증과 피로의 형태, 두려움과 불안의 형태로 우리에게 여기까지라고 말하죠. 하지만 이 조절기에는 사실 한계가 없습니다. 우리가 이 소리에 넘어가지 않는 한 이는 우리를 멈추게 할 수 없습니다. 멈추는 건 조절기가 아니라 우리 자신입니다. 우리는 대부분 최대한의 능력에서 40%쯤만 발휘한 뒤 포기합니다. 최대 한계까지 다가왔을 때도 60%의 능력을 더 갖고 있는 것이죠. 자기를 제한하는 모든 제약을 벗어 던지세요. 그러면 자신의 한계를 60~80%로 발휘할 수 있을 것입니다."

여러분은 부서진 다리로 10km를 달릴 수 있는가?

고긴스는 말했다. 원하는 것을 이루는 모든 것은 마음가짐에 달려 있다고. 나태한 135kg의 거구에서 '위대한 인물'이 되기까지 그는 끊임없이 자신을 몰아붙였고, 매번 한계를 부쉈다.

목표가 불가능해 보이는가?
힘에 부쳐 더 이상 전진할 수 없는가?

그런 한계를 설정한 것은 우리 자신이다. 천장이 없는 그래프를 생각해 보자. 그래프에 천장을 설정하는 것은 그 누구도 아닌 우리다. 여러분이 성공으로 향하는 여정에서 진정 원하는 것을 이루려면 여러분이 스스로 설정한 한계 그래프를 부숴 버려야 한다. 기억하라. 한계라고 느껴지는 그 순간, 당신은 잠재력의 40%밖에 쓰지 않은 상태다.

고긴스의 성공 패턴은 고통이나 근성이 아니다. 그는 자신 안에서 멈추라고 말하는 내부 조절기를 먼저 무력화했다. 성공한 사람들의 사고는 모두 이 지점에서 갈린다. 평범한 사람은 통증·두려움·피로가 켜진 순간 멈추고, 성공하는 사람은 그 신호를 '후퇴 명령'이 아니라 '진입 신호'로 사용한다.

내부에서 울리는 경고음에 굴복하지 않고, 그 소리를 '가짜 한계'로 인식하는 능력. 그 능력이 쌓이면 인간은 자신을 멈추게 하려는 두려움 자체와 싸우게 된다. 그리고 바로 그 싸움을 이기는 순간, 남들이 평생 닿지 못하는 곳까지 도달할 수 있게 된다.

길거리 노숙을 하던 소년에서 세계를 뒤흔든 음악가까지

"실패자는 너무 빨리 단념하는 패착을 놓는다.
어려울 때일수록 더욱 열심히 연마해야만
성공이라는 풍선을 터트릴 수 있다."

지그 지글러

한눈에 봐도 앳돼 보이는 소년. 초등학생 정도 되어 보이는 나이에 오렌지색 머리를 하고 얼굴에는 주근깨가 가득하다. 기타를 치며 버스킹을 하는 그의 주변에는 다섯 명 남짓한 사람들이 노래를 듣고 있다. 그는 17살에 고등학교를 자퇴하고 혼자 런던으로 넘어와 공연을 시작했다. 그리고 이후 2년 반 동안 길거리에서 노숙하며 버스킹을 이어갔다.

어렸을 적부터 따돌림을 당했던 소년, 말더듬증이 심했던 소년, ADHD를 심하게 앓았던 소년의 성공을 어느 누가 장담할 수 있었을까?

시간은 10년이 넘게 흘러 2023년. 뉴저지 메트라이프 스타디움에는 무려 173,390명의 팬이 그의 공연을 보기 위해 몰려들었다. 콘서트에는 화려한 효과도, 댄스 크루도, 밴드도 없었다. 한때 다섯 명 앞에서 노래를 불렀던 소년은 기타 한 자루와 스탠딩 마이크만 들고 17만 명 앞에서 무대에 섰다.

그의 이름은 에드 시런. 「Shape of You」, 「Thinking Out Loud」, 「Perfect」 등 수많은 메가 히트곡을 보유한, 2010년 이후 가장 영향력 있는 싱어송라이터이자 아델과 함께 영국을 대표하는 솔로 가수다.

그의 업적은 다음과 같다.

- 그래미 어워드 수상
- 대영제국 훈장 수훈자

에드 시런은 10대 시절 4년 동안 노숙하며 최소 300회 이상의 길거리 공연을 했다. 직접 CD를 만들어 팔아 생계를 유지하기도 했고, 가끔 친구의 집에서 신세를 지기도 했지만, 대부분은 노숙 생활을 해야 했다.

"잠잘 곳을 매일 찾아야 했어요. 어느 날은 버킹엄 궁정 바깥에서 따뜻한 공간 하나를 찾았죠. 정말 운이 좋았어요. 그런 곳을 발견하면 며칠씩 묵곤 했습니다."

그를 성공으로 이끈 요인은 무엇이었을까? 어느 TV 쇼에서 흔히 받는 질문이 나왔다.

"에드, 당신을 성공으로 이끈 요인은 무엇인가요?"

그는 웃으며 대답했다.

"사람들은 제가 타고난 재능이 있어서 성공했다고 말해요. 하지만 전혀 아닙니다(그는 10대 시절 자신이 노래한 녹음본을 틀었다. 삑사리가 계속 나자 관중들이 웃음을 터뜨렸다). 저는 정말 많이 노력했어요."

길거리 공연은 에드에게 훈련 장소였다. 세계적인 가수로 발돋움할 수 있게 도와줄 최고의 훈련터! 매일 반복되는 연습과 실전 버스킹은 그의 실력을 빠르게 끌어올렸다. 여기에 더해 미래가 보이지 않는 불안함, 잘 곳을 찾아 헤매야 하는 절박함, 공연으로 생계를 유지해야 하는 압박감까지 모두가 그를 더 강하게 만들었다.

그는 한 인터뷰에서 이렇게 말했다.

"포기하고 싶었던 순간도 많았어요. 잘 곳이 없어 길바닥에서 자야 했을 때, 주머니에 돈이 하나도 없었을 때, 아무것도 먹지 않아 배에서 소리가 날 때, 휴대폰을 충전하지 못해 며칠씩 연락이 끊겼을 땐, 모든 걸 내려두고 싶었죠. 그래도 포기하지 않았습니다."

그를 통해 알 수 있는 사실은 분명하다. 어떤 일을 오랫동안 포기하지 않고 지속하면 결국 성공한다는 것. 그는 처음부터 재능이 없었다. 재능이 없는 정도가 아니라, 어린 시절 당한 의료 사고로 인해 말을 더듬는 장애까지 있었다. 가수를 꿈꾸는 사람에게는 치명적인 결함이었다. 그뿐만 아니라 오렌지색 머리, 사시 있는 눈, 말더듬증까지 겹쳐 친구들에게 따돌림을 당하기 일쑤였다.

여러분의 상황은 어떤가?

꿈을 향해 나아가지만 성과가 없는가?
재능이 부족하다고 느끼는가?
주변 사람들이 만류하는가?
외적인 콤플렉스를 갖고 있는가?

위대한 성취를 이뤄낸 사람들의 공통점은 어떤 환경에서도 핑계를 대지 않는 것이다. 그들은 자신의 꿈을 이루기 위해 타인의 의견과 외부의 시선에 타협하지 않는다. 무엇보다 어떤 힘든 상황에서도 도중에 포기하지 않는다.

모든 것을 그만두고 싶을 때 스스로에게 질문해 보자.

노숙을 하며 꿈을 좇아야 할 정도로 절망적인가?
선천적인 장애 때문에 꿈이 흔들릴 정도인가?

그렇지 않다면, 핑계를 대지 말자.

포기하고 싶어질 때마다 기억해야 한다. 어떤 상황에서도 끝까지 해낸다면 결국 성공은 따라온다. 사람들이 성공하지 못하는 이유는 능력이 없어서가 아니라, 도중에 그만두기 때문이다. 지금 상황이 힘들어 스스로에 대한 확신이 사라질 때, 에드 시런 이야기를 떠올려라. 자신을 믿고 끝까지 해낸 사람에게는 결국 승리가 찾아온다.

5,126번의 시도 끝에 세계적인 기업을 일궈낸 남자

"나는 실패하지 않았다.
단지 작동하지 않는 방법을 1만 가지 찾아냈을 뿐이다."
토머스 에디슨

청년은 서른둘의 나이에 자신이 창업한 회사에서 쫓겨났다. 이 과정에서 그는 자신이 직접 발명한 제품들마저 모두 빼앗겼다. 청년은 훗날 이 경험을 '손발이 모두 잘려 나간 것 같은 상실감'과 같았다고 표현했다.

무직이 된 그는 생활비를 아끼기 위해 집안일을 도맡아 하곤 했다. 그러던 어느 날, 청소를 하다가 진공청소기의 흡입력이 금방 약해지는 문제를 발견한다. 그 이유는 바로 먼지봉투였다. 먼지봉투의 구멍이 금세 막혀 공기가 제대로 흐르지 않으니 먼지가 빨리지 않았던 거다.

그는 스스로에게 물었다.

"청소기는 20세기 초반에 발명되 80년이나 지났는데 왜 아무도 이걸 개선하려 하지 않을까?"

청년은 창업가이기 전에 발명가였다. 그는 전 회사에서도 네 개의 바퀴 대신 큰 플라스틱의 원형 공 하나로 굴러가는 볼배로우Ballbarrow라는 손수레를 직접 발명하기도 했다.

그는 곧 '먼지봉투 없는 진공청소기'라는 아이디어를 떠올렸다. 이 아이디어를 들고 여러 회사를 찾아다니며 설득했지만, 돌아오는 대답은 모두 같았다.

"먼지봉투 없는 청소기라고요? 그건 불가능해요."
"시장엔 이미 완벽한 청소기가 있어요."
"먼지봉투를 팔아야 돈이 되는데, 누가 그걸 만들겠어요?"

그는 혼자였다. 자본도 없었다. 하지만 그에게는 유일한 지원자 아내가 있었다. 아내는 남편이 발명품을 만들 수 있게 물심양면으로 도왔다. 그녀는 일하며 남편에게 생활비를 지원했고 덕분에 청년은 온전히 새로운 진공청소기를 개발하는 데 시간을 쏟을 수 있었다. 청년은 한때 마차 보관소로 쓰이던 난방도 제대로 되지 않는 마구간에서, 실험에 실험을 반복했다. 이 시간은 그야말로 지독한 고독의 연속이었다.

'한 가지의 시제품을 만들고 실패, 또다시 설계하고 실패.'

그는 이 과정을 묵묵히, 그리고 끈질기게 이어갔다. 이 과정은 무려 4년 동안 계속됐다. 그렇게 만들어진 시제품의 개수는 5,126개였다. 즉, 그는 5,126번의 실패를 한 것이다. 이 기간 동안 그는 밭도 팔고 주택담보대출까지 받으며 버텼다. 아내는 그림을 팔아 생활비를 충당했다. 그리고 마침내 5,127번째 시도 끝에 세계 최초의 먼지봉투 없는 진공청소기가 탄생했다. 그는 이 시제품을 들고 영국과 미국 등에 사용권을 팔러 다니기 시작했다. 3년 동안 거의 모든 업체를 찾아다녔지만 돌아오는 대답은 늘 같았다. "No." 그들이 보기에 이 제품은 전에 본 적도 들은 적도 없는 이상한 청소기일 뿐이었다. 대중성이 있어 보이지도 않았다. 먼지봉투가 없는 청소기라니…. 기존 청소기도 잘 사용하고 있는데 사람들이 굳이 이 제품을 쓸 이유가 있을까? 그들은 '먼지봉투가 달린 청소기'라는 고정관념에 사로잡혀 청년의 발명품이 가진 혁신성을 보지 못했다.

발명하는데 들인 시간 4년. 사용권을 판매하러 전 세계를 돌아다닌 시간 3년. 무려 7년 동안 아무런 성과가 없었다. 후에 청년은 이 시기를 회상하며 이렇게 말했다.

"7년 동안 죽음 직전의 빈사 상태로 계속 버텼다."

모든 걸 포기하고 싶고, 정신이 무너질 만큼 힘들던 어느 날. 우연히 한 일본 업체가 잡지에서 그의 청소기를 보고 연락을 해왔다. 청년은 한 치의 고민 없이 가장 싼 비행기표를 사 일본으로 날아갔다. 그 업체는 그의 발명품을 마음에 들어 했고, 결국 계약이 성사되었다. 3년 동안 한 번도 영업에 성공해 본 적 없던 청년에게 찾아온 첫 기회였다. 숫자로 보면 성공률은 1%도 되지 않았다. 하지만 그 단 1%가 그의 인생을 완전히 바꾸었다.

그렇게 1986년 일본에서 G-Force라는 이름으로 세계 최초의 먼지봉투 없는 진공청소기가 출시되었다. 청년은 그렇게 얻은 로열티 수익으로 구사일생하게 된다. 그는 작은 성공을 발판 삼아 본격적으로 미국과 영국 시장에도 진출하기 시작했다. 회사는 본인의 이름을 따 '다이슨'이라고 변경했다. 세계적인 가전 브랜드 다이슨의 탄생이었다.

다이슨은 투명 먼지통을 장착한 새로운 구조의 청소기를 개발했고, 그동안 쌓아온 모든 기술을 결합해 〈싸이클론〉이라는 혁신적인 제품을 출시했다. 1993년, 이때 그의 나이 46세였다.

이때를 시작으로 제임스 다이슨은 폭발적인 성장을 이뤄낸다. 3년이 채 지나기도 전에 영국 진공청소기 시장 1위를 차지했고 이후 날개 없는 선풍기, 공기 청정기 등 혁신 제품을 연달아 출시하며 세계적인 기업으로 도약했다. 제임스 다이슨의 자산은 약 20조 원에 이르며, 영국에서 네 번째로 부유한 인물이 되었다.

그는 30년 전까지만 해도 생활비를 걱정하던 사람이었다. 회사에서 쫓겨나고 아내에게 용돈을 받으며 마구간 같은 곳에서 시제품을 개발하던 사람이었다. 그리고 무려 5,126번의 실패를 견딘 사람이었다.

그는 한 인터뷰에서 말했다.

"저는 5,127개의 시제품을 만들었고, 5,126번 실패했습니다. 하지만 각각의 시제품으로부터 많은 것을 배웠죠. 그것이 제가 성공적인 제품을 만들 수 있는 이유입니다. 저는 실패를 두려워하지 않아요. 계속 실패해야 합니다. 성공을 통해서는 새로운 것을 배울 수 없지만, 실패를 통해서는 배울 수 있으니까요. 그러니 계속해서 실패하세요. 그게 성공으로 가는 길입니다."

세상은 오랫동안 버틴 사람에게 반드시 보상한다. 제임스 다이슨은 거의 15년 동안 무명이었다. 5,126번의 개발에 실패했고, 3년 동안의 영업도 모두 실패했다. 그에 반해 우리는 단 한 번의 실패만으로도 세상이 무너지는 듯한 좌절을 느낀다. 그리고 다시 시도할 엄두도 내지 못한다. 모두가 불가능하다고 말할 때 포기하지 않는 사람만이 위대한 성취를 이뤄냈다. 실패에 무뎌질 수 있으면 성공할 수 있다. 성공으로 가는 여정에서 실패는 필수 불가결하다. 누군가는 이렇게 말했다.

"한 번에 성공한 사람보다, 수없이 많은 실패 끝에 성공한 사람이 더 무섭다."

우리가 가장 빠르게 성장하는 순간은 실패하는 그 순간이다. 실패가 많을수록 개인의 역량은 기하급수적으로 쌓인다. 여기서 도망치면 제자리이고, 끝까지 버티면 전혀 다른 사람이 된다.

기억하자. 실패는 상처가 아니라 좌표다. 지금 내가 어디까지 밀어붙였는지를 가장 정확히 보여주는 지도다.

오늘 무너졌다면 오히려 잘 온 거고, 그건 아직 끝이 아니라는 뜻이다. 아직 5,126번째 실패에도 도달하지 않았다. 더 많이 실패해도 괜찮다. 하지만 반드시 기억해야 할 사실이 있다. 실패는 하되 포기해서는 안 된다는 것이다.

포기하지만 않으면 여러분의 꿈은 이루어질 것이다. 사람들은 당신을 '운 좋은 성공'이라고 부르겠지만, 당신만은 알게 된다. 그 성공은 결국, 끝까지 시도한 사람에게만 남는 보상이었다는 사실을.

바퀴벌레 같은 생존력으로 100조 기업을 만든 청년

"성공한 사람과 실패한 사람의 차이는 단 하나, 포기하지 않은 것이다."

알버트 아인슈타인

청년은 20명 이상의 투자자를 만나고 돌아온 직후였다. 그러나 모든 투자자의 대답은 같았다.

"아니요. 그런 미친 아이디어에 투자할 생각은 없습니다."

그 외에도 수십 명의 투자자들은 그의 이메일에 답조차 하지 않았다.

청년이 제시한 금액은 10% 지분에 10만 달러의 투자금이었다(한화로 약 1억 4천만 원). 이 당시의 돈을 지금 가치로 환산하면 얼마일까? 25년 11월 기준으로 이 기업의 가치는 788억 달러다(한화로 약 115조 원). 만약 10%를 투자했다면 거의 8만 배에 달하는 경이로운 수익률로 11조 5천억 원을 가져갈 수 있었을 테다.

브라이언 체스키는 한 투자자와의 미팅을 이렇게 회상했다.

"제 기억으로는 대학교 카페테리아에서 미팅했던 것 같아요. 그 투자자는 스무디를 주문했었는데 스무디를 다 마시기도 전에 그냥 떠나더라고요. 마치 최악의 비즈니스 아이디어를 듣고 관심이 사라졌다는 듯이 말이죠."

때는 2007년, 브라이언 체스키는 로드아일랜드 디자인 스쿨을 졸업하고 LA에서 커리어를 시작했다. 그러던 중 친구 조 게비아의 설득에 못 이겨 샌프란시스코로 이주하게 되었고, 그들은 새로운 삶에 대한 기대에 부풀어 있었다.

조는 체스키에게 이렇게 말했다.

"샌프란시스코는 정말 멋진 곳이야. 여기에서 나와 좋은 직장도 구하고 새출발을 해보자고!"

그러나 그들이 그렸던 꿈같은 삶과 현실은 달랐다. 좋은 직장은 구하지 못했고, 샌프란시스코의 높은 월세를 감당할 돈도 없었다. 둘 다 사실상 백수였기 때문이다. 그들은 돌파구를 찾아야 했다. 마침 샌프란시스코에서 미국 산업 디자인 학회 연례 컨퍼런스가 열린다는 소식을 듣게 되고 그들은 여기에 돈을 벌 수 있는 기회가 있다고 확신한다. 모든 호텔이 만실이었고, 많은 디자이너들이 숙소를 구하지 못해 발만 동동 구르는 상황에서 조와 체스키는 디자이너들에게 침대가 있는 방을 빌려주고 아침 식사를 제공하는 서비스의 창업 아이템을 생각한다.

당장 다음 달 월세 낼 돈도 없는 상황이었기에 빠른 실행이 필요했다.

그길로 달려가 에어 매트리스 3개를 구매한 그들은 호텔을 예약하지 못한 디자이너들에게 방을 빌려주기 시작했다. 에어 매트리스와 아침을 제공한다는 의미에서 이름은 Airbed&breakfast라고 짓기로 한다. 이것이 바로 에어비앤비의 시작이다.

첫 달에 벌어들인 1,000달러로 두 친구는 밀린 월세를 내며 외쳤다.

"유레카! 사람들이 필요로 하는구나!"

하지만 기대했던 바와 다르게 두 번째 컨퍼런스에서 고객을 모으는데 실패했고 2008년에 있었던 세 번째 컨퍼런스 SXSW에서도 몇 명의 고객을 얻는 데 그쳤다. 월세는 계속 밀려갔고 사업은 진전이 없었다.

"투자를 받아야 하는 상황이었어요. 20명의 투자자에게 연락하면 8명한테 답변이 왔어요. 그중 4명은 이런 아이디어에는 투자하지 않겠다 했죠. 미팅도 몇 번 했지만 결국 다 잘 안됐어요. 통장에 돈이 없어진 지는 6~8개월 정도 됐을 거예요. 5,000달러 한도가 있는 신용카드를 만들고 한도가 초과되면 다시 5,000달러 신용카드를 만들고 계속 돌려막기를 했습니다. 빚은 30,000달러에서 40,000달러로 계속 늘어만 갔죠. 아침에 일어나면 스스로에게 '브라이언 너 뭐 하는 거야 미쳤어? 이 지경까지 대체 어떻게 오게 된 거야'라고 자책하고 또 마음이 추슬러지면 스스로에게 '괜찮아 모든 게 잘될 거야'라 말하고 다시 아침에 일어나면 패닉하고…. 이게 매일 반복됐어요."

그때 당시에는 에어비앤비를 사용하려는 고객이 거의 없었다. 지금은 익숙해져서 이상하게 느껴지지 않지만, 당시에는 기괴한 아이디어이긴 했다. 누군지도 모르는 남의 집에서 하루를 자는 건 범죄의 표적이 되기도 쉽고 불안한 요소가 너무나도 많았기 때문이다. 그 당시의 상황을 체스키는 이렇게 묘사했다.

"3번의 에어비앤비 서비스 런칭은 모두 실패했습니다. 저와 공동창업자는 수만 달러의 빚이 쌓여가는 상황이었고 이런 바보 같은 아이디어에 투자하고 싶어 하는 투자자는 없었습니다. 이때가 제 인생의 최고 밑바닥이었어요."

그러던 어느 날, 체스키는 조에게 한 가지 아이디어를 내놓는다.

"에어 매트리스 사업이 잘 안되니 매트리스는 빼고 아침 식사만 팔면 어떨까?"

2008년은 미국 대선이 있던 해였다. 체스키는 오바마와 맥케인의 얼굴로 시리얼 박스를 만들어 팔자는 아이디어를 냈다. 그들은 마트에서 산 시리얼을 박스에서 꺼내고, 직접 만든 후보자 얼굴 패키지를 씌워 판매했다. 그렇게 에어비앤비는 망하기 직전의 상황에서 시리얼 판매로 사업을 연명했다. 당시에 브라이언 체스키가 존경했던 멘토 중 한 명은 체스키에게 이렇게 물어보기도 했다.

"설마 이 프로젝트가 네가 진행하는 유일한 프로젝트는 아니지?"

대선후보를 캐릭터로 만들어 시리얼을 판매하자는 계획은 생각보다 성공적이었고 사업을 몇 개월 더 운영할 자금을 마련하게 된다. 브라이언은 이때 투자회사 와이 컴비네이터의 폴그레엄과 미팅을 진행하게 된다. 폴 그레엄은 사업에 대한 설명을 쭉 듣더니 이렇게 물었다.

"사람들이 이런 걸 사용한다고요? 왜죠?"

그리고 시리얼 이야기를 들은 후 이렇게 덧붙였다.

"40달러에 1박스가 들어있는 대선 후보 시리얼을 판매했다고요? 놀랍군요. 당신들은 바퀴벌레들입니다. 바퀴벌레들은 핵전쟁이 나도 살아남죠. 당신들도 이 정도면 어떤 아이디어든 살아남을 수 있을 겁니다."

폴 그레이엄이 투자한 것은 사업 아이디어가 아니라 그들의 '그릿Grit' 정신이었다. 이후 이야기는 모두가 아는 역사다. 디자인을 전공한 체스키는 기술에 대한 지식도 없었고 창업을 해본 적도 없었다. 만약 한다면 작은 디자인 회사를 만들 것이라고 당연히 생각했던 사람이었다. 그러나 2025년 11월 기준 에어비앤비의 기업 가치는 100조 원에 육박한다.

여기에서 과거의 브라이언 체스키의 상황을 한번 상상해 보자. 그는 사업을 하며 현금이 없어 여러 개의 신용카드를 만들어 돌려막기를 하고 아침부터 저녁까지 고군분투한다. 벌써 빚은 수만 달러가 넘었다. 부엌의 캐비닛을 열어봤더니 케첩밖에 남아 있지 않다. 고개를 들어 테이블을 확인하니 과자 한 봉지가 놓여있다.

'이거라도 먹어야 버틸 수 있다.'

'언제쯤 돈을 벌 수 있을까?'

'언제쯤 투자를 받아 회사를 유지할 수 있을까?'

매일 매일의 하루가 불확실하다. 저녁에 잠자리에 누워도 고민은 끝나지 않는다.

"대체 내가 지금 뭘 하고 있는 거지?"

내일 회사가 망해도 이상하지 않은 상황. 신용카드는 모두 한도 초과. 돈은 7개월 전에 바닥났다. 이번 투자를 받지 못하면 회사는 망하고 빚은 모두 개인 빚이 된다. 어쩌면 디자인 관련 직장을 다시 구해야 할 수도 있다. 그럼에도 그는 공동창업자들과 마지막이 될지도 모르는 투자 미팅을 준비한다. 어쩌면 마지막일 수도 있는 미팅이다. 체스키는 나가기 전에 시리얼 박스를 한 개 챙긴다. 오바마의 얼굴이 박혀있는 시리얼 박스다. 공동창업자 중 한 명이 시리얼 박스는 왜 챙기냐고 묻는다.

"우리가 생존한 스토리가 담겨 있잖아. 도움이 될지도 모르지. 가져가 보자."

그렇게 챙긴 시리얼 박스와 스토리를 듣고 폴 그레이엄은 투자를 결정하게 된다.

당신은 매일의 불확실성 속에서 담대하게 전진할 수 있는가? 매일 매일의 어려움, 주변의 부정적인 의심 속에서도 흔들리지 않고 갈 수 있는가? 모든 불운이 따르더라도 끝까지 정진한다면 언젠가는 행운의 여신이 당신에게 미소를 지어줄 것이다. 하지만 대부분 사람은 그 전에 모든 것들을 포기하고 만다. 조금만 더, 정말 조금만 더 버티면 됐을 텐데, 바로 직전에 모든 것을 포기한다. 성공한 사람들은 남들보다 조금 더 끈기 있었을 뿐이다. 힘든 상황에서도 포기하지 않았기 때문에 결국 모든 것이 달라졌다. 그리고 그 차이가 결국 모든 것을 바꾼다. 지금 힘들더라도 인내하며 때를 기다려야 한다. 정말 힘들겠지만, 매일 당신이 해야 할 일을 꾸준히 해나가야 한다. 브라이언 체스키가 수년 동안 고객도 없이, 돈도 없이 계속 정진했던 것처럼, 끈기와 기다림이 결국엔 차이를 만든다.

잊지 마라. 포기하지만 않으면 당신의 때는 반드시 온다.

'돌아온다'는 약속 하나로 남극을 이긴 남자

"진짜 리더십은 위기 속에서 드러난다."
윈스턴 처칠

그는 결정을 내려야 했다.

지구상에서 가장 폭풍이 심한 바다를 6m짜리 구명보트 한 척으로 건널 것인지, 아니면 섬에 남아 구조를 기다릴 것인지.

1914년, 어니스트 섀클턴은 27명의 대원과 엔듀어런스호를 타고 남극으로 출항했다. 목표는 남극대륙을 횡단하는 것. 하지만 남극해의 얼음은 생각보다 잔혹했다. 엔듀런스호는 거대한 빙하에 갇혔고 종잇장처럼 찢겨나갔다. 그들은 남극의 한복판, 끝없는 얼음 위에 고립됐다. 배는 난파됐고 선택은 둘 중 하나였다. 배와 함께 최후를 맞이하든지, 배를 버리고 살아남든지. 그들은 고래기름 스튜를 끓이고 바다표범과 펭귄 고기를 먹으며 수개월을 표류했다. 이 시점에서 남은 목표는 단 하나, '살아 돌아가는 것'이었다.

1916년. 출항 후 1년 4개월이 지난 시점. 그들은 엘리펀트 섬에 다다른다. 이곳 엘리펀트 섬에서는 가장 가까운 땅도 서북으로 800Km나 떨어져 있었다. 문제는 이 섬에 남아 있는다면 구조 요청이 가능할 것인가였다.

엘리펀트 섬은 남극해 사우스셰틀랜드 제도에 속한 얼음으로 덮인 산악섬으로 폭이 27m인 바위투성이인 곳이었다. 이곳은 해안선을 빼놓고는 바람을 피할 만한 작은 바위나 조갈이 하나도 없었다. 섀클턴 일행이 가지고 있던 가장 무거운 배가 흔들릴 정도의 시속 200Km의 강풍이 주기적으로 불어대는 인간이 도저히 살 수 없는 극한의 지역이었다.

한 대원은 섬에 대해 이렇게 남겼다.

"이곳보다 더 황량한 곳은 상상할 수 없다. 돌풍이 사납게 일어나 점점 거세지는 바람에 우리는 걸을 수도 없었다. 그리고 몸을 숨길 만한 곳이 단 한 군데도 없다."

이곳에서 언제 구조될지 모른 채 버티는 것은 현실적으로 불가능했다. 게다가 1915년 당시에는 구조 신호를 보낼 장비도, 헬리콥터도, 위성도 없던 시대였다. 누군가 이 섬을 '우연히 지나가기만'을 기대해야 하는 상태. 만약 누군가 지나갈 때 손을 흔들고 소리를 지르면 구조될 수 있을까? 그것조차 확률은 희박했다.

남은 방법은 하나였다.

직접 구조를 요청하러 가는 것.

가장 현실적인 목적지는 사람이 살고 있는 사우스조지아 섬의 포경 기지였다. 문제는 그곳까지 가기 위해서는 지구상 최악의 난류 해역 '드레이크 해협'을 지나야 한다는 사실이었다. 이 구간은 강력한 편서풍과 급변하는 폭풍우, 시속 100Km에 달하는 돌풍. 그리고 20m 높이의(아파트 8층 높이) 거대한 파도가 수시로 일어나는 지구 최악의 바다였다. 또한 극지방의 특성상 영하의 혹한과 부빙이 뒤섞여 있어 항해가 매우 위험하며, 해류와 안개, 얼음덩어리들이 수시로 출몰해 위험을 가중시키는 곳이기도 했다.

그들은 나침반, 육분의, 크로노미터 정도에 의존한 채 사우스조지아섬까지 1,300km 이상을 갑판도 없는 6m짜리 구명선을 타고 건너야 했다. 섀클턴은 27명 중 5명을 선발했다. 이 여정이 살아서 돌아올 수 있을지조차 확신할 수 없었기 때문이다. 한 대원에게 엘리펀트 섬에서 사람들이 얼마나 버틸 수 있을지 묻자 그는 말했다.

"1개월입니다."

섀클턴은 작은 종이에 유서를 써 한 대원에게 맡겼다.

> "나를 아는 사람들에게 애정을 전해 주고, 나는 최선을 다했다는 말을 전해 주길 바란다."
>
> – 1916년 4월 23일, 엘리펀트 섬에서, 어니스트 섀클턴

대원 5명과 섀클턴은 불가능에 가까운 여정을 떠난다. 목표는 1개월 안에 구조선과 함께 남은 22명의 대원을 구하러 오는 것이었다. 섬에 남

아 있던 이들은 선장이 자신들을 구하러 온다는 믿음을 가지고 반드시 살아남아야 했다. 대원들은 외쳤다.

“행운을 빕니다, 대장님!”

새클턴은 이들을 구하러 돌아와야 한다는 막중한 책임감을 느꼈다. 누구 하나도 죽게 내버려둘 수 없었다. 대원들은 매일 전망대에 올라가 구조선을 기다렸지만, 두 달이 지나도 아무런 소식이 없었다. 그리고 새클턴이 떠난 지 103일이 됐을 때 한 대원은 일기에 이런 기록을 남겼다.

“촘촘한 부빙군에 둘러싸여 연료도 고기도 떨어져 간다. 어니스트 대장이 돌아오지 않을지도 모른다는 말이 이제는 공공연히 나돌고 있다. 하지만 대장이 사우스조지아 섬에 도착하지 못했을 수도 있다는 생각은 아무도 하기 싫어하는 듯하다.”

엘리펀트 섬에서 출발한 새클턴과 5명의 대원은 사우스조지아 섬으로 바람을 타고 전속력으로 이동했다. 혹독한 폭풍 속에서 밤마다 보이지 않는 얼음을 피하는 사투를 벌였다. 단 한 번만 부딪혀도 배는 산산조각 났을 것이고, 그렇다면 태평양 한가운데 고립되어 모두 죽음을 맞이했을 것이다.

엘리펀트 섬으로부터 206km 떨어진 지점에 도달하자 지구상에서 가장 험악하다는 드레이크 해협이 모습을 드러냈다. 이곳의 바람은 허리케인의 강도를 웃돌고 그 풍속은 240~320km에 이른다. 폭풍으로 일어난 파도는 15m 크기로 보트를 덮쳐왔다. 그들은 몇 시간 간격으로 생사의 경계를 넘나들었다. 추위와 배고픔과 싸우며 죽을 위기를 여러 차례 넘기고 나서야 그들은 기적적으로 사우스조지아 섬에 도착했다.

그러나 마지막 난관이 남아있었다. 포경기지(스트롬니스)와 정반대편에 도착한 것이다. 해안을 따라가는 경우 200km가 되는 거리를 배로 이동해야 했다. 대원들은 배를 들 만한 힘도 남아있지 않았다. 200km를 배로 이동하는 데에는 체력과 시간적인 리스크도 있었다. 하지만 육로를 통해 직선으로 가면 이론상 거리가 50km도 안 됐다. 섀클턴과 나머지 대원 2명은 육로로 횡단하기로 결심한다. 문제는 지금껏 사우스조지아 섬에 왔었던 사람 중에 섬을 횡단한 사람이 단 한 명도 없었다는 것이었다.

이곳은 빙하가 날카롭게 돌출돼 있는 지질층이었다. 그들은 끔찍한 얼음 벼랑과 크레바스가 버티고 있는 곳을 횡단해야 했다. 한 번이라도 잘못 내디디면 목숨을 잃을 수 있는 위험한 여정이었다. 섀클턴과 나머지 두 대원은 캠프에 식량 일부를 남기고 3일분의 식량과 최소한의 등반 장비만 들고 길을 떠났다. 슬리핑백이나 텐트 같은 것도 없었다. 한 번 날씨가 나빠지면 몇 시간 만에 동사할 상황이었다.

그들은 얼음 벼랑과 크레바스를 피해 하이킹을 하며 루트를 찾았지만, 밤은 다가오고 있었고 서두르지 않으면 그들 모두 여기서 운명을 달리할 수밖에 없었다. 무엇보다 그들은 아무런 도구도 없지 않은가. 섀클턴은 이 정도 속도로는 제시간에 포경기지까지 갈 수 없다는 것을 깨닫고 한 가지 미친 생각을 하게 된다. 그것은 3명이 포자기처럼 같이 쪼개져서 경사를 굴러 내려가자는 아이디어였다. 섀클턴이 생각하기에 옷을 충분히 푹신하게 만들면 버틸 수 있을 것 같았다. 지금껏 섀클턴을 아무말 없이 따라왔던 대원들은 펄쩍뛰며 반대했다. 그건 미친 짓이었다.

하지만 섀클턴은 지금 여기에 남는다면 본능적으로 모두가 죽을 수도 있다고 생각했다. 그들에게는 선택지가 없었다. 살기 위해서라도 과감하게 베팅해야 했다. 그들은 서로 몸을 겹친 채 절벽 아래로 굴러 내려갔다. 마치 눈덩이를 산 위에서 던져 아래로 굴러 내려가는 것과 같았다. 엄청난 소리와 속도에 귀가 멍허질 정도였다. 마침내 소리가 잦아지고 속도가 느려지기 시작했다. 이윽고 그들은 아래에 도착했다는 것을 깨달았다. 기적적으로, 모두 살아 있었다. 그들은 그 자리에서 웃음을 터뜨렸다. 살아있다는 사실이 믿기지 않았기 때문이었다.

마침내 스트롬니스 포경기지가 모습을 드러냈다. 1년 6개월 만에 처음 보는 '인간의 흔적'이었다. 그들은 빠르게 발을 옮겼고 마침내 스트롬니스 기지에 구조를 요청했다.

포경기지에서 구조선을 빌린 섀클턴은 엘리펀트 섬으로 돌아갔다. 얼음과 기상 문제로 3번 실패했으나, 계속 재도전했다. 결국 4개월 만에 22명 모든 대원을 단 한 명도 잃지 않고 구조했다. 결과는 28명 전원 생존이었다. 섀클턴은 2년간 인간이 견딜 수 있는 모든 절망을 버티고, 상상할 수도 없는 여정을 헤쳐 나가 전원을 살려냈다. 그의 리더십은 단순한 감탄을 넘어 경외의 역사로 남았다.

우리 모두는 자신의 인생 안에서 리더다. 목표를 세우고, 그 목표를 향해 고군분투하고, 때로는 절망의 얼음 위에 서게 된다. 그때 우리가 해야 하는 일은 한 가지다. 앞으로 나아가는 결정을 내리는 것. 온갖 어려움 속에서도 방향을 선택하는 주도권은 언제나 우리에게 있다. 만약 지금의 어려움이 너무 크고 견디기 힘들다면, 이 질문을 던져보자.

'내가 겪는 어려움은 6m 구명보트로 드레이크 해협을 건넌 섀클턴보다 더 큰가?'

우리가 겪는 대부분의 시련은 섀클턴의 절망에 비하면 비교조차 할 수 없는 수준일 것이다. 그렇다면 답은 하나다. 포기하지 말고 계속 나아가자. 섀클턴이 보여준 위대한 태도는 '결정하는 힘'과 그것을 '지속하는 끈기'였다.

길은 오래 버틴 사람에게 열리는 게 아니다.
포기하지 않고 끝까지 움직인 사람에게 열린다.

가장 존경받는 지도자에게는 끝없는 실패가 있었다

"인생의 가장 큰 영광은 넘어지지 않는 데 있는 것이 아니라, 넘어질 때마다 일어서는 데 있다."

넬슨 만델라

가난한 구두 수선공의 아들로 태어난 그는 정규 교육을 1년도 받지 못했다. 그가 아홉 살이 되던 해, 친어머니가 우유병으로 세상을 떠났다. 직후 아버지는 그와 누나를 내팽개치고 재혼을 위해 다른 도시로 떠나버렸다. 두 남매는 매일 밤 퓨마의 울음소리와 야생 곰이 돼지를 산 채로 잡아먹는 소리가 들리는 황량한 곳에 덩그러니 남겨졌다.

똑똑한 편은 아니었지만, 책 읽기를 좋아했다. 훗날 그는 "무언가를 배우는 데 시간이 오래 걸린다"라고 고백했지만, 그럼에도 책만큼은 놓지 않았다. 아버지는 아들이 책 읽는 모습을 보면 일을 게을리한다고 채찍질했고, 책을 몽땅 빼앗아 태워버리기까지 했다. 아버지에게 배움은 태만, 즉 직무 유기였다. 그러나 그는 포기하지 않았다. 아버지가 책을 태워버리면 반경 40km를 걸어 다니며 이 집 저 집에서 책을 빌려 읽었다.

그는 나룻배 사공, 잡화점 점원, 측량기사, 철도 노동자, 보트맨, 선거 사무원 등 다양한 직업들을 진전했고 아무런 정규 교육 없이 독학으로 변호사 시험을 준비해 합격하기도 했다. 이는 이후 정치 경력을 쌓는 데 큰 토대가 됐다. 아래 연대기를 보면 그의 삶이 얼마나 고난으로 점철되어 있었는지 알 수 있다.

1818년(9세) – 어머니 사망
1828년(19세) – 누나 사망
1831년(22세) – 첫 번째 사업 실패
1832년(23세) – 주 의회 출마했지만 낙선
1833년(24세) – 두 번째 사업 실패
(두 사업 실패의 빚을 갚는 데 17년 소요)
1835년(26세) – 약혼녀 사망
1836년(27세) – 극심한 우울증으로 정신적 위기
1843년(34세) – 연방 하원의원 경선에서 패배
1849년(40세) – 공직에서 물러난 후 생계 위기
1850년(41세) – 둘째 아들의 죽음
1855년(46세) – 미국 상원의원 선거에서 패배
1858년(49세) – 미국 상원의원 선거에서 다시 패배
1860년(51세) – 미국 대통령 당선

위 인물은 미국에서 가장 존경받는 대통령, 에이브러햄 링컨이다. 링컨은 어렸을 적부터 수많은 시련과 고난에 직면해야 했다. 사랑하는 사람들의 죽음과 빵 하나도 겨우 먹을 정도의 지독한 가난 그리고 아버지의 폭력까지. 사랑했던 약혼녀가 사망하고 연방 하원의원 경선에서 패배했을 때는 자살 충동에 시달릴 정도였다. 당시 그의 친구들은 혹시 모를 일을 대비해 방 안의 날카로운 물건을 모두 치워버렸다고 한다.

링컨에게 일어났던 엄청난 고난과 시련은 역설적으로 그를 더욱더 성장시키고 강하게 만들었다. 성공에서는 배울 것이 많지 않지만, 실패에서는 배울 것이 많다. 실패는 우리를 더 나은 사람으로 만든다. 실제로 위대한 업적을 이룬 이들의 삶은 '실패 교과서'라고 불릴 정도로 성공과는 거리가 멀었다. 위대한 운동선수, 소설가, 정치인, 사업가들 모두가 그러했다.

베이비 루스는 생전에 714개의 홈런을 날렸지만 1,330번 스트라이크 아웃을 당했다.

영국의 소설가 존 크래시는 564권의 책을 출판했지만, 출판사로부터 753번의 거절을 당했다.

마이클 조던은 9,000개의 슛을 놓쳤고 300개 이상의 게임에 패배했으며 승리할 수 있는 위닝샷을 26번 놓쳤다. 그는 말했다.

"저는 계속 실패했기에 성공할 수 있었습니다."

미국인들이 가장 존경하는 인물로 에이브러햄 링컨을 뽑는 이유는 그가 최악의 환경에서 수많은 실패와 고난을 겪으면서도 위대한 일들을 이뤄왔기 때문이다. 수많은 실패에도 불구하고, 그는 다시 일어나 본인이 해야 할 일을 했다. 훗날 사람들이 어떻게 그런 큰 성공을 이룰 수 있었느냐는 질문에 링컨은 이렇게 답했다.

“저는 수없이 많은 실패를 했기 때문에 여기까지 왔습니다. 저는 천천히 걸었을 뿐, 뒷걸음질 치지는 않았습니다. 실패에도 불구하고 다시 일어나 제가 해야 할 일을 했습니다.”

링컨의 인생이 남긴 결론은 명확하다. 성공은 ‘넘어지지 않는 사람’이 아니라 넘어질 때마다 ‘꾸준히 일어나는 사람’이 만든다. 그의 힘은 인내가 아니라 회복 탄력성에 있었다. 빠르게 정신을 일으키고, 실패보다 빨리 다시 걷기 시작하는 것. 위대한 사람에게서 발견되는 건 영웅적인 재능이 아니라 ‘무너져도 회복하는 습관’에 있었다.

현재가 고통스럽고 힘들 때면 위 링컨의 연대기를 다시 살펴보자. 천천히 걷더라도 괜찮으니 포기하지 말고 앞으로 나아가자.

실패가 없다면 성공도 없다.

들리지 않는 세상에서 인류를 대표하는 불멸의 음악을 만든 남자

"시련은 천재를 불러내는 비밀스러운 손이다."

에머슨

이 예술가는 유서를 쓰고 있었다. 음악가로서는 치명적인 병에 걸렸기 때문이었다. 아니, 어쩌면 신이 내린 가혹한 시련이었는지도 모른다. 이 남자에게 25살의 나이는 이제 막 예술가로서 꽃을 피우는 시기였다. 그는 교향곡 3번을 구상하며 다양한 실험을 시도했고, 후원자들의 신의도 두터워 정기적으로 독주회를 열며 최고의 시절을 보내고 있었다. 젊은 예술가로서 미래는 창창해 보였고, 모든 이들의 기대를 한 몸에 받고 있었다.

하지만 그는 26세에 발진티푸스라는 열병을 앓은 이후로 이명 현상이 생겼고 귀의 통증은 갈수록 심해졌다. 절실한 마음으로 여러 치료를 시도했지만 효과는 없었다. 결국 그는 서른 살 무렵 청력을 거의 잃게 되었다. 이는 음악가로서 커리어를 끝장내는 사형선고와 같았다.

“한때 내가 가장 완벽하다고 인정받았던 청각이, 이제는 가장 치명적인 것이 되고 말았다네. 원래는 열정적이고 발랄한 성격을 갖고 태어났지만 결국은 은둔과 고립에 빠지게 된 거지. 나는 사람들에게 말할 수 없었다네. 음악가로서 성공적인 커리어를 쌓고 있던 내가 귀가 멀었다고 어떻게 이야기할 수 있겠나? 사람들과 대화할 때는 귀가 잘 들리지 않아 소리를 지를 수밖에 없었다네. 이는 나를 더 고립시켰네. 사회생활도 할 수 없게 되었지. 남들보다 더 완전해야 할 내 청각이 이렇게 무너졌다는 사실을 어떻게 인정할 수 있단 말인가….”

이 청년은 불우한 어린 시절을 보냈다. 아버지는 알코올 중독자였고 아주 폭력적이었다. 당시에는 아마데우스 모차르트가 유명했는데 그의 아버지도 그를 돈벌이로 이용하기 위해 가혹하게 피아노 연습을 시켰다. 신동처럼 보이게 하려고 7살이었던 그를 6살로 속여 공연을 열기도 했다. 그렇게 번 돈을 아버지는 홍청망청 도박에 탕진했다.

청년에게는 예술에 대한 꿈과 두 동생을 책임져야 한다는 부담이 있었다. 그런 상황에서 유서를 쓰고 있던 그의 마음은 어떠했을까. 모든 것을 포기하려는 마음이었을까 아니면 삶의 잔혹한 시련 앞에 무너지고 싶었을까. 하지만 유서는 전해지지 않았다. 오히려 그는 유서를 쓰며 마음을 가다듬었다. 희망은 사라졌고 앞으로 음악가로서의 커리어를 계속 쌓아나갈 수 있을지도 알 수 없었지만 이대로 모든 것을 포기할 수는 없었다.

그는 이렇게 말했다.

“나의 내면에 있는 악상을 모두 불러내기 전에는 죽을 수는 없다. 그렇게 죽기에는 너무 억울하다.”

그는 세상의 소리로부터 멀어지게 됐지만 내면의 소리와는 가장 가까워질 수 있었다. 신이 음악가에게 줄 수 있는 최대의 시련 앞에 그는 귀가 들리지 않는 채로 본인이 만들 수 있는 최고의 곡으로 신의 시련에 응답하기로 했다.

유서를 쓰며 모든 것을 포기하려 했던 삶과 죽음의 갈림길에서 그는 자신의 신체적 한계, 음악적 한계, 그 외 모든 한계를 넘어섰다. 그리고 세상에 길이 남을 위대한 작품들을 만들기 시작했다. 불멸의 거장이자 ‘악성樂聖’이라 불리는 21세기의 위대한 음악가, 루트비히 판 베토벤.

소나타「월광」
교향곡「운명」
교향곡「합창」

인류를 대표할 만한 곡으로 뽑기도 하는 이 곡 모두 베토벤이 청력을 잃고 나서 작곡한 곡들이다. 그는 간단한 사교활동조차 할 수 없었기에, 독서와 사색에 몰입할 수밖에 없었다. 그러나 이것이 오히려 작곡에 더 깊게 집중할 수 있는 환경을 만들어주었다. 베토벤은 귀가 들리지 않아 피아노 덮개를 덮고 몸을 피아노에 최대한 붙인 채 건반을 쳐 음의 공명을 찾아냈다. 각각의 미세한 진동의 차이를 몸으로 느끼며 한 땀 한 땀

작곡한 것이다. 떨림으로 음들을 찾아 작곡하는 일은 상상할 수 없을 만큼 고된 과정이었다.

누구에게는 신세를 한탄하고 술로 남은 인생을 보내고 싶어 할 만큼 시련이 누군가에게는 새로운 기회가 되기도 한다. 음악가로서 청력을 잃게 만든 가혹한 시련은 베토벤을 더욱더 위대한 음악가로 만들었다.

살면서 우리는 수많은 시련을 겪는다. 시험에 떨어지기도, 건강이 나빠지기도, 가까운 사람에게 배신당하기도 한다. 하지만 시련 앞에서 어떤 태도를 취해야 하는지를 베토벤은 자신의 삶으로 보여주었다.

결국 선택하는 것은 우리다. 시련에 맞서 더 빛나는 인생을 만들지, 시련에 굴복하고 평생 후회할 인생을 살지는 우리의 선택에 달려 있다. 베토벤은 시련 속에 있는 우리에게 이렇게 말하는 듯하다.

"그 시련을 새로운 기회로 만들지 이대로 전부 포기하고 끝내버릴지는 모두 당신에게 달려 있다. 하지만 한번 사는 인생 이대로 전부 포기하고 끝내기에는 너무 아깝지 않은가?"

"이봐, 해보기나 했어?"
포기하지 않는 불굴의 정신

"부러진 날개로도 나는 법을 배울 수 있다."
프리다 칼로

1970년. 대한민국 정부는 2차 경제개발 5개년 계획을 대대적으로 시행했다. 이 기간에 정부는 제철, 종합 기계, 석유 화학, 조선을 본격적인 사업으로 육성하겠다는 방침을 발표했다. 그 무렵, 조선소 건설이라는 꿈 하나로 발에 불이 나도록 차관(정부 등이 외국 정부나 공적 기관으로부터 자금을 빌려오는 것)을 얻기 위해 뛰어다니던 사업가가 있었다.

당시 차관 도입 교섭국이었던 미국과 일본은 이 사업가가 '정신이 이상한 사람'이라 생각하고 코웃음을 쳤다.

"후진국에서 배를 만든다니, 당신네 나라는 그 정도 크기의 배를 만들 수 있는 능력이 없잖소."

그가 계획한 선박은 50만 톤급이었다. 하지만 당시 한국이 만들던 가장 큰 배는 1만 7천 톤급. 기존보다 50배나 더 큰 배를 만들겠다는 발상 자체가 '미친 소리'처럼 들렸던 시대였다. 당연히 대한민국에는 이 정도 규모의 배를 만들어낼 설비도 능력도 없었다. 이 기업가는 영국 런던으로 날아가 A&P 애플도어사의 롱바텀 회장을 만났다. 영국 버클레이즈 은행에 보낼 추천서가 필요했지만, 때는 1971년이었고 롱바텀 회장은 대한민국이 상환이 가능한 국가인지조차 확신할 수 없었다. 머뭇거리던 그를 보고 기업가는 주머니에서 500원짜리 지폐를 꺼내 이렇게 말했다.

"영국의 조선 역사는 1800년대부터인 걸로 알고 있소. 하지만 우리 민족은 이미 1500년대에 이런 배를 만들어 일본을 혼내준 역사가 있소. 산업화가 늦어져 국민의 능력과 아이디어가 녹슬었을 뿐 잠재력은 충분하오."

롱바텀 회장은 그의 기세에 호탕하게 웃으며 고개를 끄덕였고, 배를 만들 능력이 충분하다는 추천서를 써 버클레이즈 은행에 전달했다. 하지만 문제는 배를 사줄 '선주'였다. 작은 배도 아니고 4천만~5천만 달러 규모의 거대 선박을 사줄 사람 없이는 은행이 차관을 승인할 리가 없었다. 생각해 보면 당연했다. 세계 유수의 조선소들도 경쟁하던 시절, 경험도 없는 나라의 조선소가 만든 배를 누가 사겠는가?

사업가는 절박했다. 그는 울산 미포만의 허허벌판 백사장 사진(소나무 몇 그루와 초가 몇 채뿐인 땅)과 1/50,000짜리의 지도 한 장 그리고 26만 톤급 유조선 도면을 들고 세계 곳곳을 찾아다니며 배를 팔기 시작했다. 그 과정에서 그가 만난 사람이 바로 '해운왕' 오나시스의 처남, 리바노스였다.

“사실 지금 생각해도 한심한 얘기죠. 우리가 뭐 조선소가 있으면서 배를 팔겠다는 게 아니고, 조선소 짓겠다는 백사장 사진 한 장 달랑 들고 가서 ‘당신이 배를 사주면 그걸 증거로 영국 정부에 승인을 받아 기계를 사 오고 조선소를 지어 배를 만들어 주겠다’라고 말했으니까요. 하지만 이 사람은(리바노스) 저보다 더 미친 사람이었어요. 저를 믿고 26만 톤짜리 배 두 척을 약 7천만 불에 계약해서 계약금 13억을 외환으로 송금했습니다. 저는 계약서와 송금 내역을 영국 정부에 들이밀었죠. 영국 정부는 옴짝 못하고 차관에 승인해 줬습니다.”

“마음먹는 건 무엇이든 이룰 수 있다.”
“불가능이란 해보지 않고 하는 소리다.”

故 정주영 회장이 늘 이야기했던 기업가 정신의 정의다.

정주영 회장은 한 강연에서 “전쟁을 제외하면 모든 어려움은 극복 가능하다”라고 강조했다. 사람들은 난관에 부딪히면 가장 쉽게 포기라는 해결책을 떠올린다. 도전은 느리고 힘들지만, 포기는 빠르고 편하다. 포기는 우리의 정신을 약하게 만들고, 다음에도 같은 선택을 하게 만든다. 지금 하고 있는 일이 힘들어 그만 놓고 싶은가? 그럼 울산의 백사장 그림과 배도면 그림 한 장을 가지고 해외 정부한테서 돈을 빌리러 다녔던 정주영 회장을 생각해 보자. 정주영 회장의 이야기에서 우리가 발견해야 하는 것은 그가 우리에게 보여준 ‘불굴’의 정신이다. 세상이 ‘불가능’

이라 말할 때 그는 먼저 가능성을 계산했고, 증거가 없을 때는 증거를 만들어냈으며, 길이 없을 때는 길을 만들어 그 위를 당당히 걸었다.

이것이 불가능을 가능으로 만드는 사람들의 공통된 방식이다. 해보기 전에 포기하지 않는다. 근거가 없으면 근거를 만든다. 길이 없으면 길을 만든다.

지금 당신이 마주한 문제가 아무리 거대해 보여도, 정주영 회장이 백사장 사진 한 장으로 세계를 설득했던 것을 기억하자. 그는 우리에게 이렇게 말한다.

그는 말했다.

"이봐, 해보기나 했어?"

불가능이란 결국, 시도하지 않은 사람들이 하는 말일 뿐이다.

45살에 해고당한 후 세계적인 기업을 세운 남자

"기업가 정신이란 변화 속에서 기회를 찾는 것이다."
피터 드러커

그는 매우 운 좋게 34살의 나이에 대우 그룹 임원으로 발탁됐다. 그러나 1997년 IMF가 찾아오면서 회사는 급격히 어려워졌고, 그는 결국 해고됐다. 당시 그의 나이 45세였다. 취직을 시도했지만 경기 침체와 나이의 벽 앞에서 그를 받아주는 곳은 없었다. 선택지가 없던 그는 아내에게서 빌린 5,000만 원으로 창업을 결심한다. 당연히 창업 아이템 같은 건 없었다.

"대기업 출신은 회의를 해야 행복해합니다. 출근하면 회의를 하는데 회의 주제가 '오늘 점심 메뉴'였어요. 그걸로 세 시간 진지하게 논의하고 짜장면을 시키죠. 그리고 오후에는 두 번째 회의, '저녁을 먹고 갈지, 집에 가서 먹을지'를 합니다. 그러면 하루가 다 갔어요. 사람들이 계속 물었죠. '그래서 뭘 할 거냐.' 뭘 할지 알았으면 진작 했겠죠. 백수 된 다음에 했겠습니까."

무엇을 해야 할지 몰랐던 그는 창업 아이디어를 찾기 위해 미국으로 향했다. 샌프란시스코의 하룻밤 80달러짜리 모텔에 머물며 돌아다니다가 모텔 앞에 거대한 건물이 있다는 것을 발견한다. 그곳은 당시 세계 최대 바이오테크 회사였던 '제넨텍'이었다.

'음…. 건물도 꽤 커 보이고 이런 사업도 유망하겠는데?'

생각에 잠긴 그는 그 길로 바이오테크 사업에 대해 알아보기로 한다. 물론 그는 바이오테크가 정확히 무엇인지도 몰랐고 바이오 관련 배경 지식도 전혀 없었다. 그러나 직감적으로 미래에 바이오 분야가 크게 성장할 것임을 느꼈다. 그때부터 그는 바이오 제약 사업을 공부하기 시작했다. 처음에는 의사·약사·생명공학 같은 단어만 들어도 어려웠지만, 그는 인류가 지금까지 개발한 약의 종류가 기본 물질 기준 400개 미만이라는 사실을 알게 됐다. 생각보다 공부량이 많지 않을 수도 있다고 판단한 그는 '약의 원리·부작용·효능'을 반나절씩 공부했다.

"이 약의 원리가 뭔지, 임상해 보니까 부작용이 뭔지 효능이 뭔지를, 한 물질 당 반나절 공부하면 충분하더라고요. 그렇게 6개월이 지나고 나니까 스탠퍼드 대학교에 가서 노벨의학상 받은 의사들이랑 대화까지 가능하더라고요. 오히려 그들이 감탄해서 제게 똑똑하다고 칭찬까지 했습니다. 어깨가 으쓱했죠."

약을 공부한 뒤 그는 의학과 생명공학까지 공부해야 한다고 느꼈다.

용어도 어렵고 영어로 되어 있던 책들이 어려워 그림 위주로 공부를 했다. 좋은 소식은 사람의 몸은 대체적으로 비슷하다는 점이었다. 할아버지의 간이 다르고 아버지의 간이 다르고 본인의 간도 다르다면 공부할 것들이 산더미였겠지만 인간의 장기는 대부분이 비슷했다. 그는 사업을 하기 위해 300권이 넘는 생명공학, 의학, 약학, IT 관련 서적을 탐독했다. 이 중에는 영어로 되어 있는 책이 대부분이어서 매번 영어사전을 찾아가며 전문 지식을 쌓아야 했다.

거창한 목표와 계획은 세우지 않고 눈앞에 있는 문제만 해결하던 그는 '이 목표를 이루기 위해선 지금 이걸 해야 하는구나'라고 생각하면 그걸 그냥 했다. 해야 하는 걸 앞에 두고 절대 고민하지 않았다. 그 정도로 그의 실행력은 엄청났다. 훗날 사람들이 성공하지 못하는 이유에 대해 그는 이렇게 말했다.

"도전해 보라고 하면 많은 사람들이 늦었다 그래요. 저는 45살에 시작했거든요. 다음에는 돈 없다 그래요. 저 5천만 원 가지고 시작했어요. 그리고 그쪽 분야의 전문가가 아니라 그래요. 저는 생명공학과 약학과 의학을 다 독학한 사람이에요. 저런 말들은 전부 핑계일 뿐이에요. 절실하면 하게 돼 있어요. 5천만 원 가지고 전 세계 1,000등 안에 들어가는데 딱 11년 걸렸어요."

그가 터키 출장에서 직원들에게 100개의 단어를 외우라고 했던 이유도 똑같았다.

"비행기에서 가는 내내 단어를 모두 외우면 이스탄불에 도착해서 의사소통하는 데 전혀 문제가 없어요. 일주일 동안 500개를 외우면 비즈니스 협상까지 가능합니다. 대학에서 터키어를 공부하는 데 4년이 걸려요. 하지만 출장 다니면서 공부하면 일주일이면 충분합니다."

그는 이것이 '관념의 허구'라고 말했다. 빠르게 할 수 있는 일도 기존 관념 때문에 일부러 길게 늘여서 한다는 것. 이 허구를 깨야 성공 속도가 붙는다고 했다. 공부 뒤에 시작한 사업은 정말로 힘들었다. 그는 당시를 이렇게 회상했다.

"사업이 어느 정도 힘들었냐면요. 꿈을 꾸면 사업을 안 하는 꿈을 꾸곤 했어요. 그래서 사업을 안 하고 있다는 사실에 안도했습니다. 하지만 잠에서 깨어나면 사업을 하고 있다는 사실에 소스라치게 놀라며 현실을 자각하곤 했죠."

사업의 성장을 지속하는 건 너무나 힘든 일이었다. 파트너·투자자·직원·가족…. 그는 너무 많은 책임을 지고 있었다. 버티는 게 지옥이었다. 그때 문득 가장 쉬운 길은 포기하는 것이고 포기하는 방법 중 하나는 스스로 생을 마감하는 것임을 깨닫는다. 그는 포털 사이트를 돌아다니며 '자살하는 방법'을 검색했다. 결국 자동차로 강물에 뛰어드는 방식이 가장 쉽다고 판단했다. 양수리에 뛰어들기 좋은 장소도 찾아두었다.

자살하기로 결심한 날, 그는 가족과 지인들에게 몰래 유서를 남기고 양수리로 차를 몰았다. 마지막 식사를 마치고 이동하던 중, 갑자기 한 트럭이 중앙선을 넘으며 사고가 날 뻔했다. 그 순간 그는 이렇게 중얼거렸다.

"휴, 죽을 뻔했네."

그리고 일진이 안 좋으니 15일 후에 다시 자살을 시도하기로 결심하고 그 시간을 무엇으로 채울지 고민했다. 그는 떠나기 전에 마지막으로 주변 사람들에게 인사를 건네기로 했다. 먼저 아내에게 미안하고 감사하다는 인사를 했다. 그리고 15일 동안 만나는 모든 사람에게 미안하고 고맙다는 인사를 했다. 그러자 놀라운 일이 발생했다.

그의 아내는 그에게 힘내라고 격려를 해주었다. 은행에서는 대출 심사를 해줄 테니 다시 서류를 보내보라 했다. 직원들은 본인들의 고민을 털어놨고 누구보다 더 열심히 일하기 시작했다. 15일이 지난 후 그에게 죽을 이유는 단 하나도 남지 않았다.

그는 나중에 이 경험을 이렇게 설명했다.

"돈도 나이도 성공의 절대 조건이 아니었습니다. 성공의 절대 조건은 '나를 도와주는 사람들이 있어야 된다'였습니다. 혼자서 성공할 수 있는 사람은 아무도 없습니다. 여러분을 도와주는 사람이 있어야 성공합니다. 그럼 도와주고 싶은 마음이 들게 하는 사람은 누구냐. 미안하면 미안한 줄 알고 고마우면 고마운 줄 아는 사람입니다. 큰 꿈을 크기 위해선 많은 아군이 있어야 합니다."

이 남자의 이름은 셀트리온의 창업자 서정진이다. 셀트리온의 현재 기업 가치는 49조 원에 이르고 서정진 회장의 자산은 약 10조 원으로 한국에서 4번째로 큰 부자가 됐다.

서정진 회장은 본인의 성공 요인을 2가지로 요약했다.

- 주변 사람들이 도와주고 싶은 사람이 되는 것
- 어떤 상황에서도 핑계를 대지 않고 포기하지 않는 것

서정진 회장은 한 인터뷰에서 성공에 관한 질문에 이렇게 답했다.

"도전하면 언제까지 하느냐고요? 성공할 때까지입니다. 실패란 단어는 없는 겁니다. 아직 성공하지 않았을 뿐입니다. 실패란 단어는 관 뚜껑 닫기 직전에나 쓰세요. 불가능이 어디 있습니까. 어려운 거지. 절실하면 이겨냅니다. 모든 사람은 자기 인생의 주인공입니다. 어차피 태어났으면 어떤 삶을 살지 고민해야죠. 저도 평범한 사람이었습니다. 결국 실천하느냐, 안 하느냐의 차이입니다. 스스로 무엇을 하고 싶은지 생각하세요. 그리고 목표를 세우세요. 그리고 도전하세요. 좌절하지 말고 성공할 때까지 계속 일어나서 뛰세요. 그러면 틀림없이 성공합니다. 모든 건 하기 나름입니다."

서정진 회장은 자신이 이루고자 하는 일에 핑계를 대지 않았다. 의학·바이오 배경이 전혀 없던 그는 300권의 책을 읽으며 독학했다. 영어로 된 의학 서적을 책상에 쌓아두고 영어사전을 들춰 공부하는 그의 모습을 상상해 보자. 그의 말처럼, 어떤 분야든 2년이면 충분하다. 단, 시간을 늘려 쓰는 '관념의 허구'에 빠지면 안 된다.

비행기에서 터키어 100개를 외우면 기본 의사소통이 가능하다. 하지만 대학에서는 이걸 4년 동안 가르친다. 그러니 시간을 압축적으로 쓰는 방법을 익혀야 한다. 배경이 전혀 없던 그도 2년 만에 의학·약학·생명공학을 독학했듯이, 결국 모든 것은 자기 하기 나름이다.

그의 성공 법칙은 간단하다.

1. 본인이 무엇을 하고 싶은지 정하기
2. 목표 세우기
3. 관념의 허구에 빠지지 않고 즉각 실행하기
4. 좌절하지 말고 성공할 때까지 계속 직진하기

여러분 인생의 주인은 여러분 자신이다. 남들 말을 들으며 아무런 도전도 없이 무의미하게 살기에는 너무나도 아까운 인생이다. 그러니 도전하자.

실패란 단어는 관 뚜껑 닫기 직전에나 쓰는 것이다. 그전까지는 아직 성공하지 않았을 뿐이다.

45세에 역대 최고령 챔피언이 된
의지의 파이터

"어떤 어려움도 끈기 앞에서는 결국 고개를 떨군다."

조지프 폴리치

청년의 인생은 가난과 분노로 시작됐다. 텍사스의 극심한 빈민가에서 태어난 그는 10대 시절을 범죄와 싸움질 속에서 보냈다. 학교도 제대로 다니지 못했고, 미래는커녕 하루하루 버티는 것조차 힘겨웠다. 그날도 경찰을 피해 도망을 다니다 집 아래 숨어 있던 청년은 더는 이런 인생을 살 수 없겠다 생각했다.

"더 이상 이렇게는 살 수 없어. 이제는 정말 변할 거야."

다음날 그는 정부에서 운영하는 직업 훈련소에 지원했다. 그곳은 청년에게 새로운 기회였다. 다양한 사람들을 만날 수 있었고 무엇보다 그는 자신의 재능을 처음 발견했다. 바로 복싱이었다. 사람들은 17살은 복싱을 시작하기에 늦은 나이라고 말했지만, 닥 브로더스 코치는 달랐다. 그는 청년의 가능성을 누구보다 먼저 믿어줬다. 그리고 이렇게 말했다.

"길거리 싸움 따위를 하며 머저리처럼 굴지 말아라."

닥 브로더스는 청년에게 외부로 향하던 파괴적인 에너지를 '스포츠'라는 올바른 통로로 분출하는 법을 알려준 첫 번째 어른이었다. 청년은 거리의 싸움이 아닌 복싱이라는 세계에 빠져들었고, 곧장 탁월한 재능을 보였다. 그는 모든 시간을 훈련에 쏟아부었고, 마침내 1968년 멕시코 올림픽에서 금메달을 목에 걸었다. 금메달 뒤로 국가가 울려 퍼지던 그날을 그는 이렇게 회상했다.

"그때만큼 감격스러운 순간이 없었습니다. 린든 존슨 대통령이 시행한 빈곤 퇴치 프로그램이 저를 구원해 줬습니다. 올림픽 금메달을 딴 후 백악관에서 대통령에게 메달을 받았죠. 정말 자랑스러운 순간이었습니다."

모든 컨텐더를 차례로 꺾었고, 1973년 전설적인 조 프레이저를 쓰러뜨려 헤비급 챔피언으로 등극했다. 청년의 이름은 조지 포먼. 미국 헤비급 통산 가장 존경받았던 선수이자, 전설로 추앙받았던 복서이기도 하다. 그때 이후로 조지 포먼은 40전 40승 37KO의 전설적인 전적을 세웠다. 그 당시 그를 가로막은 선수는 또 하나의 무패 전설 복서 무하메드 알리밖에 없었다. 경기 전, 모두가 조지 포먼의 우위를 점쳤지만 1974년 아프리카 킨샤샤에서 열린 럼블 인 더 정글에서 조지 포먼은 8라운드에 KO 패배를 당하게 된다.

챔피언 벨트를 잃은 후 포먼은 자신의 정체성마저 잃었다. 지나친 훈련, 스트레스, 신경 쇠약 등. 경기에 계속 출전했지만, 시간이 지날수록 성적은 처참했다. 모든 에너지가 빠져나간 것 같았다. 그는 버틸 힘이 없었다. 어느 날 경기를 마치고 탈의실로 간 그는 라커룸에서 그대로 쓰러졌다. 그리고 삶이 송두리째 흔들리는 영적 체험을 하게 된다.

"저는 제가 죽었다고 느꼈어요. 머리부터 발끝까지 공허만이 느껴졌죠."

그는 예수님이 자신에게 들어왔다고 느꼈고, 정신을 차려보니 알몸이었다고 한다. 포먼은 그 체험을 '성직자로의 부르심'이라 생각했고, 이후 10년간 복싱 근처에 얼씬도 하지 않았다. 그리고 목사가 되기로 결심하고 자격증을 따며 올바른 삶을 살기 시작했다.

그는 물욕을 버리고 가난한 이웃과 청년들을 돕기 위해 자신의 TV·자동차·가구 등을 모두 기부했다. 이후에 조지 포먼은 인터뷰에서 이렇게 말했다.

"제가 이때까지 어떻게 남을 때리는 복싱을 해왔는지 상상조차 힘듭니다."

그는 과거 싫어했던 무하메드 알리의 사진까지 걸어두며 말했다.

"저를 바뀌게 해준 고마운 사람입니다. 예전엔 미웠지만 이제는 사랑합니다."

후에 조저 포먼은 본인의 노후 대비 저축금을 털어 아이들과 젊은 청년들을 위한 '조지 포먼 유스 커뮤니티 센터'를 설립하게 된다. 1965년 린든 존슨 대통령이 시궁창 같던 본인의 인생을 구원했듯이 본인도 그 바통을 이어받아 어려움에 처한 청년들을 도와주기로 결심한 것이다.

조지는 진심으로 아이들이 본인과 같은 어두운 시절을 겪지 않고 신체적으로도 정신적으로도 올바르게 자라길 바랐다. 그런 그의 바람에도 센터를 운영하고 유지하는 데 많은 돈이 필요했다. 솔선수범을 보이는 그를 보며 많은 이들이 발 벗고 나섰지만, 운영비를 충당하기에는 턱없이 부족했다.

"인생을 살며 그렇게 부끄러웠던 적이 없었습니다. 제게 재력이 조금만 더 있었더라면 사람들을 그렇게나 고생시키지 않았을 텐데 하고 생각했죠."

그리고 그는 결심한다.

"여보, 애들아. 우리 집에는 이제 돈이 없단다. 그 돈을 충당하기 위해 나는 다시 헤비급 챔피언에 도전할 거야."

그 당시 조지 포먼의 나이는 40살. 몸무게는 142kg에 육박했다. 그는 10년의 세월 동안 샌드백을 치거나 복싱 글러브를 끼지 않은 은퇴선수였다. 사람들은 비웃었다.

"이 나이에 뭘 한다고?"
"10년이나 쉰 사람이 펀치는 맞히기나 할까?"

하지만 그는 완전히 밑바닥부터 시작했다. 마이너리그부터 차근차근 이기며 실력을 증명했고 경기 중 상대를 배려하는 매너까지 보이며 사람들의 존경도 얻기 시작했다. 다시 흐름을 타기 시작한 그는 당대의 이름 있는 헤비급 선수들을 한 명씩 꺾고 승을 쌓아나갔다. 사람들은 기대했다. 40이 넘은 조지 포먼이 과연 어디까지 올라갈 수 있을까? 마침내 충분히 승을 쌓은 그는 당시 헤비급 챔피언이었던 에반 더 홀리필더와의 시합을 성사하게 된다. 홀리필더는 역대 헤비급 3위 안에 든다고 평가되는 전설적인 선수 중 한 명이었다. 기자회견에서 조지 포먼은 이렇게 말했다.

"나이가 40대라도 하고자 하면 무엇이든 이룰 수 있습니다. 저는 진심으로 그렇게 믿고 있습니다. 맞습니다, 저는 40대가 넘었죠. 심지어 50대에 가까워지고 있는 나이입니다. 하지만 꿈꾸기에 절대 늦은 나이는 아닙니다."

비록 홀리필더와의 시합은 패배했지만, 40이 넘어서 복싱 챔피언에 도전하는 그의 모습은 사람들은 깊은 감명을 받았다. 이 시합을 계기로 조지 포먼은 폭발적인 인기를 얻게 됐고 TV쇼와 광고 등에 출현하며 연예인과 같은 생활을 누리기 시작했다.

당연히 복싱과는 멀어졌고 사람들은 이제 그가 복싱 선수로써의 커리어는 끝났다고 생각했다. 시합이 있어도 바쁜 스케줄 탓에 훈련을 제대로 할 수 없었고 이는 당연히 시합의 패배로 이어졌다. 그는 패배 이후 잠시 목장에서 혼자만의 시간을 보내게 된다. 그리고 시간은 흘러 1994년. 당시 마이클 무어라는 새로운 헤비급 챔피언이 탄생했다. 마이클 무어는 조지 포먼이 패배했던 홀리필더도 꺾은 무패 전적의 헤비급 챔피언이었다.

포먼은 본인의 마지막이 시간이 다가오고 있다는 것을 본능적으로 느꼈다. 그는 본인의 복싱 커리어를 화려한 불꽃으로 끝내고 싶었다. 그 꿈은 바로 헤비급 세계 챔피언에 다시 오르는 것이었다. 하지만 전문가들뿐만 아니라 주변인들조차도 조지 포먼의 승산을 점치지 않았다. 나이도 20살 이상이 차이가 났고 전 헤비급 챔피언 홀리필더 같이 빠른 선수도 마이클 무어를 잡지 못했기 때문이다.

마침내 1994년 11월 5일, 결전의 날. 모두가 무어의 승리를 확신했다. 포먼이 몇 라운드에 KO 되느냐만 이기기할 정도였다. 하지만 포먼에게는 강력한 무기가 있었다. 평생 단련한 '도끼질'과 '장작 패기'에서 나온 압도적인 펀치력이었다. 그는 시합을 준비하는 훈련 기간 동안 유산소, 스파링, 샌드백 그리고 도끼질을 멈추지 않았다.

경기가 시작되고 모두가 예상한 대로 마이클 무어는 시종일관 모든 면에서 조지 포먼을 압도했다. 포먼은 속도를 따라가지 못했고, 모든 라운드를 내줬다. 그러나 그의 목표는 한 가지였다. KO. 몰아치는 무어의 공격을 방어하며 10라운드 끝까지 때를 기다렸던 조지 포먼은 큰 훅을 휘두르며 무어를 정면에 세우게 했다. 그리고 순식간에 일어난 원, 투, 원, 투.

이 네 방에 헤비급 챔피언이었던 무어는 순식간에 쓰러졌다. 심판이 카운트를 세는 동안 그는 일어나지 못했다. 아무도 믿지 않았던 포먼의

KO 승리. 관중들은 포먼의 이름을 연신 외쳐댔고 이를 지켜보던 해설가는 이렇게 외쳤다.

"그가 해냈습니다! 45세의 나이에 헤비급 복싱 챔피언에 다시 등극했습니다!"

수많은 사람이 조지 포먼을 의심했다. 하지만 그런 소음에 포먼은 보란 듯이 이런 명언을 남겼다.

"당신이 할 수 없다는 사람들의 말을 무시할 수 있다면 무엇이든지 이룰 수 있습니다."

우리도 마찬가지다. 새로운 도전을 할 때면 비난, 회의감, 자기 확신의 부족이 따라온다. 하지만 성공은, 누구도 믿지 않을 때 자신을 믿는 사람에게 찾아온다. 조지 포먼은 복싱 역사상 최고로 많은 나이인 45살에 헤비급 챔피언에 다시 등극했다. 그의 삶을 들여다보면 나이는 숫자에 불과하고 불가능이란 없다는 생각을 하게 된다. 다른 일도 아닌 스포츠 분야에서 45살의 나이에 세계 챔피언이 되는 것은 사실 불가능에 가까우니 말이다.

기억해야 한다. 도전의 나이는 내가 정하는 것이다. 45살의 포먼이 증명했듯, 때로는 세상이 불가능이라 말한 순간이 가장 위대한 반전의 시작점이 된다. 비웃음도, 회의도, 두려움도 결국 당신의 걸음을 막지 못한다. 늦음은 약점이 아니라 힘이다. 더 단단해진 마음과 더 성숙한 의지가, 그 누구도 꺾을 수 없는 힘이 되어 돌아오기 때문이다.

미혼모에서
세계적인 베스트셀러 작가가 된 여자

"우리가 계획한 삶을 기꺼이 버릴 수 있을 때만,
우리를 기다리고 있는 삶을 맞이할 수 있다."
조세드 캠벨

사랑했던 어머니는 세상을 떠났고, 포르투갈에서의 결혼 생활도 실패했다. 그녀는 이혼 후, 이제 막 태어난 딸과 함께 영국으로 돌아왔다.

"내 인생은 왜 이런 걸까?"

영국으로 돌아온 그녀는 우울증 판정을 받았다. 정부에서 받는 보조금으로 생활을 연명해야 했지만, 턱없이 부족했다. 그녀는 반지하에서 딸 제시카에게 겨우 우유와 먹을 것을 주고 본인은 굶는 생활을 반복했다. 훗날 한 대학교 졸업식 연설에서 그녀는 당시 상황을 이렇게 설명했다.

"직업은 없고 애 딸린 미혼모에 모든 기준에서 봤을 때 저는 제가 아는 가장 큰 실패자였죠. 저는 항상 자살하고 싶은 충동에 휩싸였습니다."

하지만 그녀는 그럴 수 없었다. 그녀에게는 소중한 딸 제시카가 있었고 끝내야 할 일이 남아 있었다. 가진 모든 것을 잃고 재정적으로도 정신적으로도 힘들었지만, 그녀에게는 예전부터 이루고 싶은 꿈이 있었다. 기차 창밖을 보다가 우연히 떠올랐던 이름, '해리' 그리고 해리와 마법 학교의 이야기를 책으로 쓰는 것이었다.

"최악의 실패를 겪었지만, 그 실패를 통해 저는 무엇에 집중해야 하는지 알게 됐습니다. 실패는 제가 가진 불필요한 것들을 모두 벗겨냈고, 단 하나에 집중하게 해줬어요. 무엇보다 제게는 제시카와 타자기가 남아 있었습니다."

그녀는 가난한 생활을 이어가며 에든버러의 한 카페에서 틈날 때마다 소설 초안을 썼다. 제시카는 옆에서 곤히 잠들어 있었고, 그녀는 매일 새로운 세계관을 창조해 갔다. 원고가 완성되자 3개 챕터를 영국 출판사들에 보내기 시작했다.

결과는 어땠을까? 그녀가 생각했던 마법은 일어나지 않았다. 모든 출판사에서 거절당한 것이다. 공손하게 출판을 거절하는 출판사도 있었고, 원고에 날카로운 비판을 하는 출판사도 있었다. 하지만 그럼에도 그녀는 집요하게 계속 원고를 보냈다. 그런 노력에도 그녀는 11개의 출판사로부터 모두 거절 통보를 받게 된다.

1997년, 11번의 거절 직후 12번째 만에 런던에 있던 작은 출판사 블룸베리로부터 출판 계약을 하고 싶다는 연락을 받는다. 11번의 실패 만에 극적으로 출판 계약에 성공한 것이다. 『해리포터』는 마법처럼 영국을 강타했고, 곧 세계적인 현상이 됐다. 이후 워너 브라더스와 영화 제작 계약까지 체결하며, J.K. 롤링은 가난한 미혼모에서 세계적인 작가로 자리매김했다.

해리포터 시리즈는 전 세계에서 4억 5천만 권이 팔리며 '세계에서 가장 많이 팔린 시리즈'로 기록됐다. 영화 시리즈의 전 세계 박스오피스는 77억 달러(한화로 약 11조 원)를 넘었다. 가난했던 롤링은 세계에서 가장 부유한 작가가 됐다. 그녀는 미혼모로 생활고에 시달리던 시절을 '앞이 보이지 않는 끝없는 터널'이라고 표현했다. 재정적, 정신적으로도 최악의 시기Rock bottom였지만, 그 속에서 가장 중요한 선택을 해야 했다.

지금의 절망을 '끝'으로 받아들일 것인가, 아니면 꿈을 이루기 위한 단 하나의 선택에 집중할 것인가.

하나에 초집중했을 때 다른 모든 것을 의미 없게 만들 만한 중요한 선택. 그녀가 내린 선택은 명확했다. 그건 예전부터 자신이 꿈꿔왔던 세상을 창조하는 글쓰기, 정확하게는 해리포터 소설을 쓰는 일이었다.

모든 사람은 인생에서 이 두 갈림길 앞에 선다. 최악의 상황이 일어났을 때 뒤로 물러날 것인가 아니면 과감하게 앞으로 돌파할 것인가. 뒤로 물러났을 때 우리가 얻는 것은 살아남았다는 안도다. 하지만 여기에 성장은 없다. 과감하게 앞으로 돌파했을 때 우리는 진정한 성장을 마주하게 된다. 어머니가 돌아가시고 돈이 없어 정부 지원금을 받으며 어린 딸을 키우던 롤링은 어느 누가 보더라도 최악의 환경에 처해 있었다. 만약 누군가 그녀의 옆에 있었다면 이렇게 말해줄 수도 있었을 것이다.

"아니, 애 키우기도 바쁘고 돈도 없는데 책을 쓴다고?"

롤링이 이 말을 따랐다면 지금의 해리포터 시리즈는 탄생하지 못했을 것이다. 최악의 상황 속에서도 롤링은 스스로에게 이렇게 말했다.

"그럼에도 나는 내게 중요한 것에 집중할 거야."

환경과 실패를 단순하게 바라보면 삶을 둘러싼 불필요한 껍데기가 벗겨지고 본질만 남는다. 여러분이 처한 상황과 환경에 상관없이 스스로에게 물어봐야 한다.

"내가 지금 겪는 문제와 상황을 단순하게 바라봤을 때, 내가 온전히 집중해야 할 단 한 가지는 무엇인가?"

단 하나의 본질을 붙잡는 순간, 세상의 소음은 모두 사라진다. 복잡했던 삶은 구조를 되찾고, 그때 비로소 우리는 '해야 할 일'과 '하지 않아도 될 일'을 구분하게 된다. 성공한 사람들의 공통된 패턴은 여기에 있다.

소음을 없애고, 본질을 붙잡는 태도.

롤링의 선택은 거창하지 않았다. 그저 '내 평생의 꿈이었던 소설을 끝까지 써낼 것이다'라는 고집 하나였다. 인생이 무너지고 있을 때, 우리에게 필요한 건 대단한 결심이 아니다. 자신에게 정말로 중요한 한 가지를 끝까지 밀어붙이는 작은 고집. 그 고집이 행동으로 이어질 때 여러분의 에너지는 가장 중요한 곳으로 흘러가기 시작한다.

30년의 도전 끝에 바다를 건넌 64세의 수영선수

"나이는 마음의 문제다.
당신이 개의치 않으면 아무 문제도 아니다."
마크 트웨인

다이애나 니아드는 다섯 번째로 쿠바 해안으로 향했다. 이번에는 만반의 준비를 다 했지만, 성공할 수 있을지는 누구도 장담할 수 없었다. 그녀의 목표는 쿠바에서 플로리다 키웨스트까지 160km가 넘는 바다를 헤엄쳐 건너는 것. 이 구간은 지구상에서 가장 도전적인 해역으로 유명했다. 깊이 200m 이상의 바다, 급변하는 해류, 거센 바람, 상어와 해파리 떼까지 수많은 위험이 도사리고 있었다. 1950년 이후 수많은 수영선수가 이 바다를 건너려 했지만, 단 한 명도 성공하지 못했다.

다이애나의 도전 역시 처음이 아니었다. 그녀는 28세였던 1978년에 처음 이 도전에 나섰고, 그 후 35년 동안 네 번의 도전이 모두 좌절로 끝났다. 2011년에는 상어의 출몰과 독성 해파리 떼의 습격으로 결국 포기해야 했다. 그리고 2013년 8월, 64세의 나이에 마지막이 될지도 모를 다섯 번째 도전에 다시 나섰다.

“60살이 되었을 때, 20대부터 꿈꿔오던 꿈은 여전히 제 안에 살아 있었습니다. 저는 오늘날 지구에서 가장 유명한 바다 구간을 꿈꿨고 상상했습니다. 쿠바에서 플로리다까지. 그 꿈은 제 영혼 매우 깊은 곳에 자리하고 있었어요. 운동 성과나 기록을 위해서가 아니었습니다. 인생을 뒤돌아봤을 때 후회가 없기 위해 우린 무엇을 해야 할까요? 인생은 목적지가 아니라 여행이 아닌가요? 저는 그 여행길에 있었습니다.”

스포츠 과학자, 지구력 전문가, 신경학자, 항해 전문가 등 모든 이들이 그녀의 도전은 불가능하다고 말했다. 실제로 직전 도전자였던 호주의 페니 팰프라는 42시간을 헤엄쳤지만, 이상 해류로 실패했다. 그러나 다이애나는 누군가가 성공하기 전에 자신이 먼저 해내고 싶었다.

마침내 2013년 8월. 다섯 번째 도전이 시작됐다.

51명의 팀원이 다섯 척의 보트를 타고 그녀의 도전을 지원했다. 밤에는 상어와 해파리 떼를 유인하지 않기 위해 불빛도 사용하지 않았고, 그녀는 고무 모자와 고글만 착용한 채 자신의 작은 MP3 플레이리스트와 함께 바다를 건넜다.

“한밤중에 우리는 빛을 사용하지 않았습니다. 왜냐하면 빛에 이끌려 해파리와 미끼용 생선이 몰려들면, 그 움직임을 따라 상어까지 끌어들이는 최적의 조건이 만들어지기 때문이죠. 전 바다에서 제 작은 플레이리스트와 여행 중이었습니다. 85개의 곡이 들어있는 플레이리스트였죠. 전 꽉 끼는 고무 모자를 쓰고 있었기 때문에 그 외에는 아무것도 들리지 않았습니다. 고글을 쓰고, 1분에 50번 정도 고개를 돌리며 노래를 불렀습니다. 존 레논의 「Imagine」을 천 번 정도 불렀을 때, 9시간 45분을 헤엄쳤다는 걸 알았어요."

하지만 위기가 찾아왔다. 구토가 시작됐고, 해파리 보호 마스크 때문에 호흡과 스트로크가 어려워졌다. 저체온 증세까지 오기 시작했을 때 그녀는 이 도전을 끝마칠 수 있을지 확신할 수 없었다. 다시 힘을 내어 밤새 수영을 이어갔던 다이애나는 수평선 따라 한 줄의 흰색 빛을 발견했다. 키웨스트(미국 플로리다 주 먼로군에 위치한 도시)의 빛이었다. 그 말은 목적지까지 15시간이 남아 있다는 말이었다. 하지만 대부분 수영 선수에게도 15시간은 긴 거리였다.

그녀는 이때를 회상하며 이렇게 말했다.

"그 순간 생각했어요. 이제부터가 진짜 시작이라고. 그리고 전 팔질 횟수를 세지도 않았고 노래도 부르지 않았어요. 평생 꿈꿔왔던 이 꿈만을 생각했습니다. 그러자 새로운 힘이 솟구쳤습니다."

그리고 마침내, 52시간 54분 만에 쿠바에서 플로리다 키웨스트의 스매더스 해변에 도착했다. 입술은 퉁퉁 부풀어 있었고 소금기와 햇빛으로 인해 입안 곳곳에는 상처가 가득했다. 이미 해변에는 역사적인 성공을 목격하기 위해 수백 명의 팬들과 기자들이 모여 있었다. 가장 친한 친구이자 수석 조언자였던 보니는 양팔을 벌려 사람들이 다가오지 못하게 막아서며 외쳤다.

"그녀를 만지면 안 됩니다!"

규칙에 따르면 그녀 스스로 육지에 발을 디뎌야 했기 때문이었다. 마침내 다이애나가 육지에 발을 디뎠을 때 보니와 옆에 있던 사람들은 모두 그녀를 껴안으며 축하했다.

다이애나는 64세의 나이에 160km의 거리를 바다 수영으로 건넜다. 그녀는 늙었다고 생각하는 사람들에게, 도전을 앞둔 이들에게 3가지 메시지를 전달했다.

첫 번째, 절대, 절대 포기하지 마세요. 무언가가 되고자 한다면 무언가를 해야 합니다. 저는 포기하지 않는 행동을 택했습니다. 그래서 이 도전에 성공할 수 있었죠.

두 번째, 꿈을 꾸기에 늦은 나이란 없습니다. 누구든 나이와 성별을 불문하고 꿈을 좇을 수 있습니다. 저는 64세에 이걸 해냈습니다. 당신은 절대 늙지 않았습니다.

세 번째, 혼자 모든 걸 이룬 것처럼 보이지만, 팀이 없었다면 이 모든 것은 불가능했습니다. 항해사, 기상 전문가, 상어 퇴치 전문가 등. 제 꿈을 믿고 도와준 이들이 있었기에 가능한 도전이었습니다.

다이애나는 사람들이 무언가가 불가능하다고 말할 때마다 의문을 가지라 한다. 그게 불가능한 이유가 무엇인지. 그 이유를 깊이 파고들기 시작하면, 대부분은 스스로 만든 한계임을 깨닫는다. 스스로 만든 한계는 결국 스스로가 깨뜨릴 수 있다.

그녀가 이 도전을 한 이유는 단순히 운동 성과나 자존심 때문이 아니었다. '나이를 먹었다고 소파에서 빈둥거리며 아까운 시간을 낭비하는 것보다는 도전하는 게 낫다'란 생각이 있었기 때문이다. 무엇보다 그녀는 꿈이 있었고 꿈에 도전할 용기가 있었다. 60대에도 침대에서 누워 빈둥거리는 사람이 있고 60대가 넘어서도 새로운 꿈을 꾸며 도전하는 사람이 있다.

'여러분은 어떤 인생을 살고 싶은가?'

이 질문에 답하는 순간, 해야 할 일은 선명해진다.

'30번 취업 실패' 후 '49조 부자'가 된 남자

"어제는 불행했고, 오늘은 힘들지만, 내일은 밝을 겁니다…."
마윈

볼품없이 보이는 청년의 나이는 서른여섯.

축 늘어진 어깨는 160cm 초반의 키를 더욱 작아 보이게 만들었다. 그는 뛰어난 인생을 살아온 사람이 아니었다. 오히려 평범하다 못해 열등한 인생에 가까웠다. 초·중·고를 모두 3~4류 학교에 다녔고, 중·고등학교 입학시험은 두 번씩이나 쳐야 할 만큼 공부도 잘하지 못했다. 원하는 대학에도 가지 못해 삼수를 한 끝에 겨우 항주사범대학(전문대)에 들어갈 수 있었다. 전공은 영어였다. 하지만 졸업 후 그는 취업조차 할 수 없었다. 아무도 그를 뽑지 않았다. ET를 닮은 외모, 작은 키, 그다지 똑똑해 보이지 않는 이미지. 그를 원하는 곳은 단 한 군데도 없었다.

"대학도 삼수를 하고 졸업한 후에 취업을 준비했죠. 30번이나 떨어졌습니다. 경찰에 지원했는데 그들이 당신은 아닌 것 같다고 하더군요. 심지어는 KFC 치킨집도 가봤습니다. 제가 살던 동네에 막 들어오던 때였고, 24명이 입사 지원을 했습니다. 23명이 합격 했습니다. 제가 불운의 불합격자였습니다. 경찰에 지원했을 때는 5명이 지원했고 4명이 합격했습니다. 제가 유일한 불합격자였습니다. 그래서 거절은 제게 일상입니다. 아 참! 제가 하버드 대학에도 지원했다는 사실을 알고 계셨나요? 10번 지원했는데 10번 모두 불합격했습니다(웃음)."

모든 회사의 문이 그에게 닫혔을 때, 그는 우연히 미국 여행에서 처음으로 인터넷을 접했다. 검색창에 단어를 입력하면 '세상의 정보가 즉시 떠오르는' 경험은 그에게 충격이었다. 그는 곧바로 확신했다.

"이건 나 같은 사람에게도 기회다. 인터넷은 내가 못 가진 모든 것을 뛰어넘게 해줄 수 있다."

마윈은 그날을 '내 인생의 방향이 뒤집힌 날'이라고 회상했다. 그리고 중국 상인들이 세계와 연결되는 문을 직접 만들기로 결심했다. 그 문이 바로 알리바바였다. 그는 영어 이름 Jack Ma로도 유명한 알리바바의 창업주 마윈이다. 2011년 포브스 기준 그의 자산은 412억 달러(한화로 약 46조)에 달했으며 당시 세계 33위 부자라는 이름을 올렸다.

하지만 알리바바는 창업 후 처음 3년 동안 단 1달러의 수익도 내지 못했다. 그럼에도 마윈이 포기하지 못했던 이유는 고객들의 감사 편지가 끊이지 않았기 때문이었다. 마윈과 초기 멤버들은 그 편지들 덕분에 미래를 낙관할 수 있었다.

“왜 그만두지 않았냐고요? 수많은 고객들로부터 감사 메일을 받았거든요. 그 메일에는 이렇게 적혀있었습니다. ‘지금은 당신들이 돈을 못 버는 걸 알고 있습니다. 하지만 장담하건대 이 일을 계속 한다면 언젠가는 거대한 무언가를 이룰 수 있을 겁니다.’”

그 말에 마윈과 구성원들은 알리바바를 그만둘 수 없었다. 무엇보다 마윈은 인터넷이 만들어낼 미래를 굳게 믿었다.

마윈의 알리바바는 5년 차부터 본격적으로 이름을 알리기 시작했다. 이 시기에 그는 소프트뱅크 손정의 회장으로부터 2,000만 달러(한화로 약 200억 원 이상)를 투자받는다. 그리고 2014년 알리바바가 뉴욕증권거래서[NYSE]에 상장되면서 소프트뱅크 손정의 회장에게 무려 3,600배라는 경이로운 투자 수익을 안겨준다.

마윈은 이렇게 말했다.

“우리는 이런 실패에 익숙해져야 합니다. 우린 그렇게 잘나지 않았거든요. 지금 이 순간에도 저는 수많은 거절을 받고 있어요. 물론 그때는 저도 죽을 맛이었어요. 그때 포레스트검프라는 영화를 보게 됐죠. 영화의 주인공한테서 삶의 자세에 대해 많이 배웠어요. 영화에서 포레스트 검프는 남들이 뭐라 하든 자신의 길을 묵묵히 걸어갑니다. 앞에 있는 목표를 향해 흔들림 없이 나아가죠. 여러분도 여러분이 하는 일을 믿으세요. 그 일을 사랑하세요. 남들이 뭐라고 하든 말이죠.”

그는 말한다. 성공한 사람들은 수없이 많은 거절과 실패에도 불구하고 앞으로 나아가는 사람들이라고.

"30번 이상 거절당한 사람은 세상에 많지 않을 거예요. 하지만 저는 멈추지 않고 계속 나아갔습니다. 그리고 단 한 번도 불평하지 않았습니다. 절대로 불평하지 마세요. 불평하는 사람에게는 미래가 없습니다. 미래는 낙관하고, 실패 속에서도 앞으로 나아가는 사람에게 주어집니다."

그리고 마윈은 마지막으로 이렇게 덧붙였다.

"삶은 초콜릿 박스와 같습니다. 당신이 무엇을 얻게 될지는 아무도 모릅니다."

마윈은 어린 시절부터 수없이 많은 실패를 겪었다. 그는 스스로 말하곤 했다.

"제가 이력서를 쓰게 된다면, 제목은 '실패 이력서'가 될 겁니다."

알리바바에 대한 이야기를 할 때도, 실패 경험만 모아도 수백 페이지의 책을 쓸 수 있을 거라고 농담처럼 말했다. 하지만 바로 그 실패의 역사가 오늘날 많은 사람에게 위로이자 가르침이 되고 있다. 취업에서 좌절하고, 첫 창업에서 무너지고, 반복되는 실패 앞에 자신감을 잃은 사람들에게 마윈은 이렇게 말한다.

"실패는 끝이 아니라, 당신을 이끌어줄 '성공 이력서'가 될 것이다."

중요한 건 쓰러진 횟수가 아니라, 다시 일어서는 습관이다.

당신의 이력서에는 어떤 기록이 남아 있는가? 실패가 두려워 아무것도 하지 않아 적을 내용조차 없다면, 지금이야말로 첫 한 줄을 쓸 타이밍이다.

성공에 늦었을 때란 없다
: 늦게 시작해 성공한 사람들

"새로운 목표를 정하고
새로운 꿈을 꾸는데 늦은 나이란 없다."
C.S 루이스

무언가를 시작하기에 늦었다고 느껴질 때, 아래의 사람들을 떠올려보자.

• 권원강(교촌치킨 창업자)

생계를 위해 노점상·해외 건설 노동자·택시기사 등 다양한 직업을 전전하다가 40대에 교촌치킨을 창업해 프랜차이즈 업계 1위를 달성했다.

• 함태호(오뚜기 창업자)

직장생활을 하다 40대에 오뚜기를 창업해 지금의 기업을 만들었다.

• 그랜마 모제스(위대한 예술가)

남들이 은퇴하는 78세에 독학으로 그림을 시작해 101세까지 1,600점을 남겼다. 『TIME』지 표지에 실렸으며, 작품 한 점이 18억 원에 팔렸다.

• 토니 모리슨(노벨 문학상 수상 작가)

두 아이를 홀로 키우며 새벽 4시에 글을 쓰기 시작해 39세에 첫 책을 출간했고, 57세에 『빌러비드』로 퓰리처상을, 62세에 노벨 문학상을 수상했다.

• 커넬 샌더스(KFC 창업주)

65세에 KFC 치킨 레시피 판매를 시작해, 75세에 회사를 매각하고 백만장자가 됐다.

• 레이 크록(맥도날드 창업주)

50대까지 밀크셰이크 기계를 팔던 사람이었지만, 아이디어 하나에 맥도날드를 인수한 뒤 글로벌 프랜차이즈로 성장시켰다.

• J.R.R.톨킨(반지의 제왕 작가)

45세에 첫 책 『호빗』을 출간하고, 62세에 『반지의 제왕』을 출판했다. 이후 1억 5천만 부 이상이 팔린 명작이 됐다.

• 빅토르 위고(프랑스 문학의 거장)

『레미제라블』은 그가 60세에 집필해 남긴 불멸의 고전이다.

• 도스트예프스키(러시아 제국의 소설가)

20년간 무명에 가까운 시기를 보냈지만, 45세 『죄와 벌』, 59세 『카라마조프가의 형제들』로 세계적인 작가가 됐다.

• 루이 파스퇴르(프랑스 생화학자)

과학자로서 40살이 넘어서까지 뛰어난 성과를 달성하지 못했다. 하지만 63세에 광견병 백신을 개발하며 세계적인 성공을 이뤄냈다.

• **이안 리(대만 영화감독)**

아내가 생계를 책임지고 전업주부를 하며 데뷔전까지 6년 동안 시나리오 집필을 했다. 46살의 나이에 영화 <와호장룡>으로 세계적 스타 감독이 됐다.

• **모건 프리먼(할리우드 배우)**

수십 년간 무명 배우로 살다가 50세가 지난 후에야 영화들이 히트를 쳐 할리우드의 대표 배우로 자리 잡았다.

• **킹 캠프 질레트(질레트 창업주)**

일회용 면도기 아이디어를 떠올려 46세에 면도기 회사를 창업했다. 48세에 안전면도기 판매를 시작. 90,000개의 면도기와 12,400,000개의 면도날을 판매했다.

• **스탠리(마블의 아버지)**

40세까지 히트작을 내지 못했지만, 이후 전 세계 문화 판도를 바꾸는 수많은 캐릭터를 창조했다.

• **타이키치로 모리(일본의 부동산 재벌)**

타이키치로는 평생 교수직을 하다 50대 후반에 부동산 개발 사업에 뛰어들었다. 그리고 크게 성공해 1조 원이 넘는 자산으로 부동산 재벌이 됐다.

• **사무엘 L 잭슨(할리우드 배우)**

긴 무명 배우 시절을 보낸 그는 40대까지도 이렇다 할 배역을 맡지 못했지만 45세에 타란티노 감독의 펄프 픽션 역할로 할리우드 배우로 자리 잡기 시작했다. 46세 이후에는 수많은 블록버스터 영화에 출연해 최고 스타가 됐다.

늦은 나이에 시작해 성공한 사람들의 리스트는 끝없이 이어진다. 여러분이 상상도 할 수 없을 정도로 많은 사람들이 늦은 나이에 시작해 성공했다. 이제 여러분의 핑계는 무엇인가?

아직도 너무 늦었다는 생각이 드는가? 적어도 위의 사람들은 그런 생각을 하지 않았던 것 같다. 수많은 핑계를 대는 사람들에게 헨리 포드는 이런 유명한 말을 남겼다.

"여러분이 할 수 있다고 생각하든, 할 수 없다고 생각하든 여러분의 말이 옳다."

결국 차이를 만드는 것은 현재에 처한 상황이나 환경이 아니다. 현재라는 사실은 변하지 않는다. 하지만 현재에 대한 우리의 생각은 변한다. 바뀔 수 있다. 아니 여러분은 바꿀 수 있다.

무언가를 시작하기에 최적의 때는 지금이란 말이 있다. 나이라는 것은 상대적이다. 60대의 중년이 보기에 40대는 젊은 나이다. 하지만 90세의 어르신이 보기에는 60세도 젊은 나이다. 즉, 늦었을 때란 없다는 것이다. 문제는 늦었다고 생각하는 우리의 마인드다.

변화를 이루는 가장 좋은 방법은 의심이 들 때마다 스스로에게 '그럼에도'라고 말하는 것이다.

"그래 맞아. 나이가 좀 있지…. 하지만 그럼에도 나는 성공할 수 있어."
"도전하기 어렵지, 체력도 약해…. 하지만 그럼에도 성공할 수 있어."

도전이 두렵고, 너무 늦었다는 생각이 들 때마다 위 인물들의 이름을 떠올려보자.

도전하기에, 성공하기에 늦은 때란 없다. 배우고, 시도하고, 다시 시도하는 사람은 언제 시작해도 결국 도착한다. 당신이 어느 나이에 있든, 이 공식은 같다.

관객을 위해
절벽에서 뛰어내린 남자

"모든 위대함은 재능보다 태도에서 시작된다."
랄프 왈도 에머슨

"Ready··· Stand By··· Action!"

손에 땀이 찬다. 그는 앞으로 1분 뒤면 오토바이를 타고 전속력으로 달린 후에 절벽에서 베이스 점프 후 공중에서 오토바이에서 내려 낙하산을 피는 기상천외한 스턴트씬을 찍어야 한다. 이 장면을 찍는 사람은 스턴트맨이 아니었다. 영화에 직접 출연하는 '배우'였다.

노르웨이에 위치한 이 절벽의 고도는 약 1,264m. 절벽의 꼭대기는 마치 구름 위에 있는 땅 같았다. 절벽의 아래는 구름 때문에 윤곽이 거의 보이지 않았다. 이곳에서 아래까지의 길이는 평지라고 가정하고 달린다 해도 10분이나 걸리는 엄청난 높이였다. 영화 역사상 아무도 시도해보지 않은 스턴트였고 작은 실수에도 목숨을 잃을 수 있는 위험한 묘기에 가까웠다.

카운트다운을 시작했다.

"10, 9, 8, 7, 6, 5 …"

이 배우는 이 장면을 위해 베이스 점프와 고급 스카이다이빙, 캐노피(낙하산) 조종 등의 전문 스턴트 기술들을 1년간 배웠다. 그리고 500회 이상의 스카이다이빙과 13,000번 이상의 오토바이 점프를 반복하며 완벽의 완벽을 가했다.

"4, 3, 2, 1, Action!"

환갑이 넘은 나이지만 이 배우는 비행기에 매달려 이륙하는 장면을 찍고 세계에서 가장 높은 빌딩에서 뛰어내리고 산꼭대기에서 오토바이를 타고 점프해 낙하산을 편다. 대역도 스턴트도 없다. 모든 것을 직접 몸으로 시행하는 배우다. 사람들은 왜 그렇게 위험한 스턴트를 직접 하는지 묻는다. 배우는 아무런 망설임 없이 답한다.

"관객 때문입니다."

그는 불안한 어린 시절을 보냈다. 아버지는 알코올 중독과 가정 폭력을 일삼았고, 그는 어린 시절부터 한 동네에 정착하지 못해 무려 13번이나 전학을 다녀야 했다. 학교에서도 심한 난독증으로 책 읽기와 학습에 큰 어려움을 겪었다. 어린 시절의 꿈은 신부priest가 되는 것이었으나 이내 포기했다. 학습 능력 문제, 경제적 어려움, 가정불화 등 어느 면으로 보나 전형적인 '성공 가능성이 낮은 아이'였다. 당연히 학교에서도 따돌림을 당했다. 한 인터뷰에서 그에게 어렸을 적 따돌림에 대해 묻자 그는 이렇게 답했다.

"거대한 불량배가 자꾸 다가와서 밀치곤 했습니다. 심장이 미친 듯이 뛰고, 땀이 나고, 토할 것 같은 기분이 들었죠. 저는 그런 불량배들이 정말 싫었어요."

그는 계속 혼자만의 방으로 들어갔다. 시간이 흘러 고등학교 시절, 그는 소극적인 성격을 고치기 위해 용기 내어 연극부에 들어간다. 그는 연극을 통해 난생처음으로 불안을 이겨내고 무대에 온전히 집중할 수 있다는 것을 깨달았다. 물론 연기를 하는 과정은 쉽지 않았다. 난독증으로 글을 읽을 수 없었던 그는 어머니에게 대사를 대신 읽어 달라 부탁하고 이를 암기하는 방식으로 혹독한 연습을 해야 했다. 흥미로운 사실은 그가 연기에 대한 어떤 정규 교육도 받은 적이 없다는 점이다. 훗날 한 인터뷰에서 '연기 조언'을 묻는 학생들에게 그는 이렇게 답했다.

"편집룸에서 시간을 보내세요. 영화도 직접 만들어 보세요. 옛 영화들을 보며 공부하고 평가해 보세요. 영화의 구성이 어떻게 돼 있는지, 어떤 렌즈를 썼는지, 어떤 조명을 썼는지, 어떤 상황에서 어떤 도구를 써야 하는지도 배우세요. 저는 연기를 전공하지 않았습니다. 학교에서 배우지도 못했죠. 방에서 혼자 연기 공부를 했고, 영화 현장에서 다른 사람들에게 물어가며 영화에 대한 모든 것을 직접 스스로 터득했습니다. 저는 영화 현장에 있는 모든 부서[department] 사람들에게 직접 찾아가 수많은 질문을 했습니다. 카메라가 어떻게 작동하는지, 조명은 어떤 식으로 쏴야 하는지 등을 말이죠. 영화학교Film school을 다니지 않아 어떻게 배워야 하는지조차 몰랐거든요. 이런 방식이 어떤 식으로 저의 커리어에 도움이 될지조차 알 수 없었어요. 하지만 그때 당시에는 모두가 저처럼 하는 줄 알았습니다."

그는 뉴욕으로 넘어가 웨이터, 청소부 등 온갖 아르바이트를 하며 생계를 유지했다. 수십 차례 오디션에 떨어지며 좌절을 반복하다 마침내 1981년 영화 <끝없는 사랑>에서 단역으로 데뷔했다. 이후 <리스크 비즈니스>가 흥행에 성공하며 스타덤에 올랐고, 1986년 <탑건>으로 세계적인 배우로 자리 잡았다. 당시 탑건을 보고 실제 미군 입대율이 높아질 정도로 인기가 폭발적이었다.

이 배우의 이름은 톰 크루즈.

그가 출연한 영화의 전 세계 누적 박스오피스 수익은 131억 달러(한화로 약 19조 원)에 달한다. 그는 모든 영화인이 존경하는 영화배우로 알려져 있으며, 35년 넘는 시간 동안 할리우드 톱배우 자리를 지켜왔다. 사람들은 어떻게 그가 60살이 넘는 나이에도 그런 위험한 스턴트를 직접 해낼 수 있는지 묻는다. 그 질문에 톰 크루즈는 항상 이렇게 답한다.

"제 인생의 목표는 관객을 즐겁게 하는 겁니다. 관객은 속지 않아요. 카메라 너머의 진심은 알 수 있거든요. 대역에 의존하거나 CG를 사용하면 당연히 티가 납니다. 제가 직접 몸으로 부딪치는 장면이야말로 관객과의 진짜 소통이라고 생각합니다. 리얼한 액션이 관객의 몰입도를 높이고 감동을 줄 수 있다고 믿습니다. <미션 임파서블: 데드 레코닝>의 감독 크리스토퍼 맥쿼리와도 의견이 다를 때도 있습니다. 그래서 우린 수없이 많은 토론을 하죠. 여기서 저희 의견이 일치하는 게 한 가지 있다면 바로 '관객을 위해서'라는 말입니다. '어떻게 씬을 구성할 때 관객이 즐거워할까?', '어떤 씬을 찍어야 재밌어할까?'를 가장 많이 고민하며 촬영에 임하고 있습니다."

톰 크루즈의 성공 비결은 무엇일까?

모든 스턴트를 본인이 직접 수행하는 것, 영화와 관객에게 목숨을 거는 자세 외에도 분명 특별한 것이 있었다. 그의 성공 비결은 철저한 자기관리, 연구, 그리고 관객에게 멋진 영화를 선사하겠다는 집념에서 비롯됐다. 그는 40년 넘게 작은 배역부터 꾸준히 쌓아 올리며, 수백·수천 번의 연습을 거듭해 배우로서의 가치를 다졌고 영화 공부를 게을리 하지 않았다. 좋아하는 감독이 생기면 그 감독의 초기작부터 모두 보고 쪼개서 분석했다. '이런 씬을 찍으려면 어떻게 해야 할까?'라는 질문을 끊임없이 스스로에게 던졌다. 답이 안 나오면 주변 영화인에게 직접 찾아가 물어봤다. 그와 일했던 모든 배우와 스태프들이 그의 직업윤리work Ethic에 대한 칭찬을 아끼지 않았다. 그는 한 인터뷰에서 프로로써 영화를 대하는 본인의 자세에 대한 질문에 이렇게 답했다.

"저는 오전 4~5시면 일어납니다. 크루들이 도착하기 몇 시간 전에 세트장에 도착하죠. 저는 일하는 것을 정말로 즐깁니다. 일주일에 7일을 일합니다. 영화 세트장에 나가는 게 저한텐 휴일이에요. 저는 스스로에게 완벽함과 엄격함을 요구합니다. 그리고 저와 같이 일하는 사람들에게도 같은 레벨을 원하죠. 관객이 좋아하는 최고의 영화를 만들고 싶거든요. 저는 돈이 없어서 연기 학원에 가지 못했어요. 집안이 부유한 편도 아니었죠. 그래서 독학으로 조금씩 꾸준하게 제 자신을 발전시켰어요. 수백, 수천 번이 넘는 연습을 통해서 말이죠. 그건 관객이 최고로 좋아하는 영화를 만들기 위한 노력이었습니다. 저는 지금도 좋은 영화를 만들기 위해 엄격한 자기 관리를 합니다. 새벽에 일어나 유산소 운동과 웨이트 트레이닝을 하고 가공식품과 설탕이 들어간 간식, 술 등을 피하고 철저하게 흰살 생선이나 항산화 식품 위주의 식단을 고수합니다. 이 모든 건 관객을 위해서입니다."

톰 크루즈가 성공한 방법은 생각보다 간단할지도 모른다.

열정을 가진 한 가지에 높은 목표를 세우고 올바른 직업윤리를 가진 채 오랫동안 행하는 것. 배움과 훈련을 통해 매일 1%씩 성장하는 것. 그의 성공은 단기간에 이룬 것이 아니라, 배우로서 성장하기 위한 매일의 선택들이 쌓여 완성된 결과였다. 그는 지금도 좋은 영화를 만들기 위해 비행기에 매달리고, 스쿠버다이빙을 하고, 절벽에서 뛰어내린다.

이유는 단 하나다.

자신을 사랑해 주는 관객을 위해서.

무능력한 백수에서 문화의 아이콘이 된 만화가

"나는 완성된 작품보다 작업하는 시간을 더 사랑했다."
로댕

어릴 때부터 그림을 좋아했던 청년은 고등학교 졸업 후 나고야의 한 광고 회사에서 포스터 디자이너로 커리어를 시작했다. 그러나 아침에 일어나는 것이 너무 힘들었던 그는 지각을 반복했고, 자유분방한 복장은 상사들에게 좋지 않은 인상을 남겼다. 결국 상사들의 질책을 견디지 못한 그는 2년 만에 회사를 그만두게 된다.

앞으로 무엇을 해야 할지, 무엇으로 먹고 살아야 할지 알 수 없었다. 백수 생활이 길어지며 모아둔 돈도 모두 떨어졌고 어머니에게 용돈을 받으며 생활을 연명해 갔다. 그러던 어느 날, 우연히 들른 커피숍에서 소년 점프 공모전의 광고를 보게 된다. 용돈이나 조금 벌어보자는 생각으로 패러디 만화를 그려 제출했지만, 패러디 작품이라는 이유로 심사 대상에서 제외됐다. 다행히 이 작품을 본 편집자 토리시마 카즈히코는 그에게 충분한 재능이 있으니 계속 만화를 그려보라고 독려했다.

홍미로운 사실은, 그는 미술이나 만화를 정식으로 배운 적이 없었다는 점이다. 청년은 만화와 영화로부터 영감을 얻고, 좋아하는 작품을 따라 그리며 캐릭터·배경 묘사를 수없이 반복해 기본기를 다졌다. 그는 주간 소년점프에 첫 공식작 〈원더 아일랜드〉를 게재했다. 하지만 독자 투표에서 최하위를 기록하며 실패했다. 이후 〈원더 아일랜드2〉, 〈Today's Highlight Island〉 등을 연달아 게재했지만 모두 실패였다.

여기에 좌절하지 않은 그는 1년 동안 거의 500페이지에 달하는 단편을 그렸다. 성과는 없었지만, 그는 매일 엄청난 분량의 작업을 하며 그림 실력을 갈고닦았다. 방에 틀어박혀 폐관수련을 한 것이다. 이 '1년의 혹독한 수련 시간'은 정확히 1년 후, 엄청난 결실을 가져왔다. 청년이 그린 〈닥터 슬럼프〉가 대히트를 친 것이다. 이후 연재가 끝날 때쯤 출판사는 더 재미있는 작품을 요청했고 청년은 그때 당시 영감을 받았던 중국 무술 영화 취권과 중국 고전 서유기 등을 토대로 새로운 만화 아이디어를 떠올리게 된다. 주황색의 구슬 7개를 모으면 용신이 나타나 소원을 들어주는 소년 만화 〈드래곤볼〉의 탄생이었다.

그의 이름은 토리야마 아키라(그는 일본 내에서 만화로 가장 많은 돈을 번 인물로 알려져 있다. 한때 2년 연속 일본 납세 순위 1위를 기록하기도 했다). 〈드래곤볼〉과 〈닥터슬럼프〉로 일본이 자랑하는 세계적인 만화가가 된 인물이다.

토리야마 아키라는 〈드래곤볼〉이라는 만화를 통해 작품을 넘어 하나의 문화를 만들었다. 토리야마는 작품을 연재하는 15년 동안 단 한 번도 마감을 펑크 낸 적이 없었다. 마감 기한을 맞추기 위해 6일 동안 매일 밤을 새우고 3~4일에 한 번 잠을 자는 시기까지 있었다. 여담으로 드래곤볼 인조인간 편을 연재할 당시에는 문화부 차관이 연재를 쉴 것을 우려해 직접 찾아와 연재를 계속해달라고 부탁할 정도였다(실제로 드래곤볼이 끝난 이후에는 소년점프는 100만 부가량의 매출이 줄었고 관련 업종과 미디어 믹스 또한 막대한 손실을 보았다). 실제로 그가 작업을 멈추면 장난감·애니메이션·게임 등 드래곤볼에 연결된 산업 전체가 타격을 받는 상황이었다. 그는 이런 것에 막중한 책임감을 느꼈다.

토리야마의 성공을 만든 것은 단순한 재능이 아니었다. 재능 있는 만화가는 당시에도 많았다. 그를 특별하게 만든 것은 일에 대한 태도, 즉 꾸준함이었다. 그는 타이트한 연재 데드라인을 세우고 엄청난 양의 일을 꾸준히 오랫동안 해냈다. 여기에 성공의 아이러니가 있다. 재능만으로는 성공할 수 없다. 하지만 오랫동안 꾸준히 노력한 사람은 반드시 성공한다. 성공한 사람들은 대부분 한 가지 노력을 오랫동안 꾸준히 한 사람들이다. 그것도 수십 년 동안이나 말이다. 하루 10~14시간, 같은 양의 노력을 5년 이상 지속하면 어떤 분야에서도 성공할 수 있다. 많은 사람이 이것을 하지 못하는 이유는 단순하다. 너무 힘들기 때문이다. 그러나 이 '힘듦'을 견뎌낸 사람들은 반드시 성공한다. 이렇게 본인의 일을 프로페셔널하게 대하는 태도를 영어로는 'Work Ethic'을 가졌다고 표현한다. 성공한 대부분의 사람은 이러한 'Work Ethic'을 가졌다.

NBA 전설 코비 브라이언트, 수영 황제 마이클 펠프스, 복싱 챔피언 마이크 타이슨 같은 인물도 있지만, 매일 새벽 같은 온도로 육수 맛을 내는 냉면집 사장이나 수백 장의 사진을 찍어도 '오늘의 한 장'을 위해 다시 카메라를 드는 사진작가처럼 자신의 자리에서 묵묵히 한 길을 가는 사람 역시 존재한다. 이들 모두 훌륭한 'Work Ethic'을 가지고 있다.

토리야마 아키라는 결국 집념이 만든 세계적 아이콘으로 남았다. 그의 역사는 천재의 신화가 아니라, 매일 같은 태도로 일한 사람이 결국 무엇을 이루는지 보여주는 증거다. 과로에 가까운 데드라인을 15년 동안 단 한 번도 놓치지 않은 프로페셔널리즘, 매일 수십 페이지를 그리며 자신을 갈고닦았던 그 시간들이 결국 전 세계를 뒤흔든 IP를 탄생시켰다.

그가 일을 대하는 태도Work Ethic가 만들어낸 세계가 드래곤볼이고, 그 꾸준함이 만들어낸 인물이 바로 토리야마 아키라다. 그는 만화를 넘어 하나의 시대를 만든 사람으로 여전히 회자되고 있다.

재즈바 사장에서
세계적 작가가 되기까지

"다른 사람이 요구하는 내가 아니라,
내가 원하는 나로 살아야 한다."
무라카미 하루키

그는 재즈 바를 운영하는 평범한 청년이었다. 일찍 결혼한 그는 대학 졸업 후 아내와 함께 도쿄에서 '피터 캣'이라는 재즈바를 운영하며 생계를 유지했다.

1978년. 우연히 야구 경기를 관람하던 중 야구 방망이에 공이 맞는 소리와 함께 어떤 생각이 문득 그의 머리를 스치고 지나갔다.

"어쩌면 나도 소설을 쓸 수 있을지 몰라."

그는 글쓰기 교육을 받은 적도 없었고, 일기나 편지도 싫어하는 편이었다. 그럼에도 그날 이후 '글을 써야 한다'라는 강한 확신이 생겼다. 야구 경기가 끝나고 서점에서 원고지와 만년필을 산 청년은 주방 식탁에 앉아 밤새 소설을 썼다. 그렇게 시작된 작품이 『바람의 노래를 들어라』

였다. 이후 그는 『상실의 시대』, 『노르웨이의 숲』 등을 통해 세계적인 작가로 자리 잡았다. 특히 『노르웨이 숲』은 전 세계적으로 1,110만 부 이상 판매된 메가 스테디셀러가 됐다.

그는 1979년 첫 집필을 시작으로 무려 45년 동안 소설을 써왔다. 그가 세계 최고의 작가로 이렇게나 오랫동안 활동할 수 있는 데에는 그만의 성공 원칙이 있었다. 그건 바로 '하루키의 지속성'이다. 소설을 쓰는 동안에는 그는 철저하고 엄격한 루틴을 고수했다. 그의 루틴을 살펴보면 이러하다.

<하루키의 일과>

~04:00	기상
04:00~12:00	글쓰기
12:00~14:00	10km 달리기 혹은 1,500m 수영
14:00~21:00	독서와 음악 감상
21:00~	취침

하루키는 이 루틴을 수십 년 동안 그대로 따라왔다고 한다. 오전에 글을 쓰는 시간에는 평균적으로 200자 원고의 20매, 글자로 따지면 4,000글자 이상인데, 하루키는 이를 하루도 빠지지 않고 해냈다. 그는 한 인터뷰에서 글 쓰는 작업을 '굉장히 고독한 행위'라고 표현하기도 했다.

그도 한때는 하루 60개비를 피우고 술을 즐기던 헤비스모커였다. 하지만 체력과 정신력의 한계를 느꼈고 이후에는 술 담배를 모두 끊고 달리기를 시작했다. 그는 달리기가 창의력과 체력을 모두 끌어올리는 핵심 루틴이라고 강조했다. 그리고 이렇게 말했다.

"체력이 떨어지기 시작하면 사고 능력도 미묘하게 떨어지기 시작합니다. 그리고 작가는 군살이 붙으면 끝장입니다."

하루키는 자신이 소설에 '재능이 있다'고 생각한 적이 단 한번도 없다고 말했다. 그가 믿은 건 단 하나였다.

'평범한 사람도 꾸준함이라는 무기를 가지면 비범한 성취를 이룰 수 있다는 것.'

하지만 하루키와 같은 루틴을 지키는 것은 생각 이상으로 어렵다. 하루키의 루틴을 따라 하려는 수많은 '챌린지'가 매번 작심삼일로 끝나는 이유이기도 하다. 한 가지 일을 수십 년 동안 반복하는 일은 그만큼 고단하고 지루하다. 어떤 사람은 묻는다.

"정말 꾸준히 한다는 것만으로 성공할 수 있을까요?"

여기서 하루키의 성공 원칙이 드러난다. 성공은 단순히 쌓아 올리는 게 아니라 그것을 '오랫동안 꾸준히' 쌓아야 한다는 것이다. 우리는 하룻밤 만에 백만장자가 되는 이야기가 대부분 환상이라는 사실을 빨리 깨달아야 한다.

하루의 작은 행동이 에너지를 만들고, 이 에너지가 관성을 만든다. 관성은 처음에는 느리고 더뎌 보이지만 꾸준히 쌓였을 때는 태산도 들어

올릴 수 있는 거대한 힘으로 탈바꿈한다. 물론, 성공을 쌓는 과정은 지루하고 피곤하다. '오늘은 그냥 쉬어도 되겠지?'라는 생각이 하루에도 몇 번씩 찾아온다. 하지만 그 유혹을 매일 이겨낸 사람이 결국 원하는 걸 쟁취한다. 재능과 상관없이, 단 하루도 루틴을 깨지 않은 사람들은 한 분야에서 위대한 결과를 만들어낸다. 나태함에 사로잡혔을 때, 원하던 결과가 바로 나오지 않을 때 이 문장을 기억하라.

꾸준함은 모든 것을 이긴다.
그리고 그건 재능보다 더 큰 힘을 가진다.

| 2장 |

끝까지 가는 사람들의 법칙

: 시간을 다루는 능력

*

"시간은 흘러가는 게 아니라,
쌓이는 것이다."

SUCCESS PATTERN

여러분은 지금 충분히 좋은 삶을 살고 있다

"지금 가진 것에 감사하는 순간, 삶은 완전해진다."

에크하르트 톨레

만약에 여러분에게 룰렛을 돌려 랜덤으로 다른 나라에서 다시 태어날 기회가 생긴다면 룰렛을 돌릴 것인가? 이 질문에 답하기 전에 두 가지 이야기를 소개하고 싶다.

2006년 KBS 수요기획에서 방영된 <세계에서 가장 지독한 운명>이라는 다큐에는 인도의 산악 도시 심라에서 '세계에서 가장 무거운 짐'을 지는 사람들이 등장한다. 그들은 50kg이 넘는 짐(기름통, 나무, 소지품 등)을 하루에 5km씩 옮기고 67루피(한화로 약 1,100원)를 번다. 영상의 주인공 하산(45세)은 매일 200kg이 넘는 기름통과 보일러를 등에 짊어지고 언덕길을 오른다. 그의 허리는 S자로 휘었고, 무릎은 보통 사람보다 아래로 내려앉았다. 하산은 이 일을 15살 때부터 30년 넘게 해왔다. 하산을 포함해 짐을 나르는 사람들이 가장 두려워하는 것은 디스크나 통증이 아니라 내일 일하지 못하게 되는 것이다. 일이 끊기면 가족에게 보낼 돈을 벌 수 없기 때문이다. 그들은 먹을 것과 병원비를 제외한 거의 모든 돈을 저축해 월 12~14만 원을 모은다.

이들은 지옥 같은 고통 속에서도 아침이 오면 묵묵히 다시 일터로 향한다. 하산은 자신의 처지를 비난하거나 비관하지 않는다. 오히려 다른 사람들을 돕는 데 시간을 할애한다. PD가 그에게 수십 년 동안 이 일을 할 수 있었던 이유를 묻자, 하산은 이렇게 답했다.

"제가 이 일을 열심히 하면 제 아들은 이 일을 안 해도 되니까요. 나중에 저는 짐을 진 마지막 세대였다고, 짐 지는 일은 아버지 세대에서 끝났다는 말을 제 아들에게서 듣고 싶습니다."

힘들어도 아내와 아이들을 위해 일하는 것, 그것이 그의 삶을 움직이는 원동력이었다. 그날도 그는 다른 남자 두 명과 함께 100kg이 넘는 기름통을 짊어지고 언덕길을 올랐다.

∞

부룬디는 세계에서 가장 가난한 나라다. 부룬디 국민들은 하루 평균 10시간의 중노동을 하고 700원을 번다. 한 달 월급은 평균 3만 원이다. 90% 이상의 국민은 태어날 때부터 죽을 때까지 전기도 없는 집에서 살다 간다. 평생 외식을 한 번도 해보지 못한 사람이 대다수다. 한국 어디서나 쉽게 먹을 수 있는 볶음밥조차 이들에게는 사치다. 우리가 AI, 자율주행, 우주 산업을 이야기할 때 그들은 여전히 수백 년 전의 생활을 살고 있다.

이제 시야를 더 넓혀보자. 전 세계적으로 24억 명 이상이 물 부족 문제에 직면해 있다. 내전을 겪는 나라는 또 얼마나 많은가? 우리가 아프가니스탄, 시리아, 이라크, 소말리아, 베네수엘라, 이란 같은 국가에서 태어났다면, 우리는 돈을 버는 것이 아니라 '내일 살아남을 수 있는가?'를 걱정해야 한다. 하루 30달러 미만으로 사는 인구는 전 세계의 85%인 약 67억 명이다. 그중 아프리카는 전 세계 빈곤층의 2/3를 차지하고, 인도는 7,300만 명이 빈곤층에 속한다.

그럼 다시 질문하겠다. 룰렛을 돌려 아무 나라에나 랜덤으로 태어날 기회를 얻는다면 여러분은 그 룰렛을 돌리겠는가? 아마 높은 확률로 대한민국보다 훨씬 가난한 나라에 태어나게 될 것이다. 어쩌면 내전이 일어나는 곳에서 태어나 생존을 걱정해야 할 수도 있고, 인도 심라에서 평생 100kg짜리 짐을 지고 언덕을 오르내리는 삶을 살게 될지도 모른다.

우리는 우리에게 주어진 삶이 얼마나 축복받았는지 알지 못한다. 우리가 SNS의 팔로워가 늘지 않는다고, 사람들이 '좋아요'를 누르지 않는다고 불평할 때 지구 반대편의 사람들은 불도 전기도 먹을 것도 없는 삶을 수십 년간 살아가고 있다. 그럼에도 우리는 이미 가진 것에 감사하기보다는 가지지 못한 것에 불만을 느끼고 있다.

깨끗한 물을 마실 수 있다는 사실에, 비를 막아주는 지붕이 있다는 사실에, 적어도 굶지 않는다는 사실에, 사랑하는 사람에게 전화를 걸 수 있다는 사실에, 무엇보다 어떤 선택이든 할 수 있는 자유가 있다는 사실에 감사하자. 가지지 못한 것을 세는 대신, 이미 우리에게 주어진 것들에 감사하자.

룰렛을 돌리지 않겠다고 말한 순간, 여러분은 이미 자신의 환경에 만족하고 있다는 뜻이기도 하다. 그렇지 않은가?

지구 반대편 나라에 태어나 단 하루라도 진정한 가난과 고통을 겪어보지 않았다면 대한민국의 삶이 얼마나 감사한지 절대 알 수 없을 것이다.

여러분은 지금 충분히 좋은 삶을 살고 있다.

그러니 불평하지 말자.

굴욕을 연료로 삼아 세계의 별이 된 여자

"상처가 있는 곳에 빛이 들어온다."
레너드 코언

소녀의 첫 번째 트라우마는 따돌림이었다. 그녀는 중학생 때부터 심한 따돌림을 당했다. 코가 너무 크다, 웃음이 이상하다, 뻐드렁니가 심하다는 둥 아이들은 갖가지 이유로 그녀를 조롱했다. 심한 날에는 소녀를 쓰레기통에 내던져 처박히게 하기도 했다. 그리고 조롱 섞인 목소리로 말했다.

"너는 쓰레기니까 그게 네가 있어야 할 곳이야."

친했던 친구들마저 그 광경을 보고 웃었다. 아무도 그녀를 도와주지 않았다. 그녀는 망연자실했고, 무엇보다 자신이 쓸모없는 인간이라고 느꼈다. 그녀의 어머니는 그때를 떠올리며 이렇게 말했다.

"쓰레기통에 던져진 이후로, 늘 기쁨으로 가득하던 딸이 기쁨을 잊고 자기 존재를 의심하기 시작했어요. 그 시절의 딸을 표현하자면 세 단어가 떠올라요. '굴욕', '웃음거리', '혼자' 정말 슬펐죠."

중고등학생 시절의 따돌림은 대학교까지 이어졌다. NYU에 재학할 당시 음악에 재능 있던 그녀는 카페나 술집 등에서 라이브 공연을 했었는데 이를 아니꼽게 보던 동급생들이 페이스북 안티 페이지를 만들어 사이버 불링을 시작했다.

"스테파니 제르마노타, 너는 절대로 유명해지지 못할 거야."

그들은 그녀가 라이브 바에서 공연할 때 붙인 포스터를 짓밟는 사진까지 올렸다. 성인이 되었는데도 따돌림은 그녀를 놓아주지 않았다.

결국 그녀는 대학교를 중퇴하고 음악에 전념하기로 했다. 어렸을 때부터 그녀의 유일한 안식처는 음악이었다. 한음 한음 음을 듣고 건반을 치며 피아노를 독학했다. 사람들은 그녀가 독특하다고 생각했지만, 그녀는 자신을 세상에 표현하고 싶었다. 예술은 한 사람의 내면을 표현하는데 있다고 믿었다. 어쩌면 그녀에게는 태어날 때부터 예술가적인 기질이 있었던 것일지도 모른다. 하지만 동급생들이 보기에 그녀는 이해할 수 없는 괴짜에 불과했다.

그녀는 생계를 위해 여러 일을 했다. 아이들을 위한 동요 녹음, 라이브바 공연, 싱어송라이터 트레이닝 등. 마침내 실력을 인정받아 한 음반사에 들어가게 된다. 그러나 여기에서 평생 트라우마로 남는 끔찍한 일을 겪는다.

음반을 녹음하던 중 프로듀서와 단둘이 있게 됐는데 프로듀서가 갑자기 옷을 벗으라고 요구했다. 벗지 않으면 다시는 이 업계에 발을 못 붙이겠다고 하는 등 온갖 가스라이팅과 협박을 해 성폭행까지 당하게 된다. 이 일을 계기로 정신적인 충격을 받은 그녀는 음악을 완전히 그만두고 2년 반의 시간 동안 칩거 생활을 했다. 그녀는 우울증에 걸렸고 상습적인 자해를 하고 약물에 손을 대기도 했다. 그리고 생계를 위해 스트립 댄서 일을 하며 생활을 연명했다.

누가 봐도 인생의 바닥에 있던 시기였다. '왜 이런 시련은 나에게만 일어나는 걸까?', '모든 꿈을 버리고 그냥 평범하게 살아가야만 하는 걸까?'라는 질문을 그녀는 스스로 되뇌었다.

시련이 있을 때 우리에게 필요한 것은 용기다.
연속된 시련에도 앞으로 나아갈 용기.
시련을 앞에 두고 정면을 직시할 수 있는 용기.
두려움에도 불구하고 꿈을 추구할 수 있는 용기.

본인의 꿈을 잃고 폐인처럼 살아가기에는 너무나도 아까운 인생이었다. 그때 그녀를 절망에서 건져준 사람은 아버지였다. 아버지는 그녀에게 말했다.

"너는 지금 자체로도 충분히 괜찮다. 너는 분명 이 시기를 이겨내고 꿈을 이루게 될 거야."

다시 도전하기로 결심한 그녀는 여러 음반사를 두드렸고, 롭 푸사리라는 음반 제작자의 눈에 들어 계약을 진행하게 된다. 롭 푸사리는 그녀에게 '레이디 가가'라는 이름을 지어주었다.

2008년, 레이디 가가는 22살의 나이에 데뷔했다. 그때 발표한 데뷔 앨범 「Fame」은 팝 음악사에서 역대급 데뷔 앨범으로 꼽히며 파파라치, 포커페이스 등 모두가 아는 명곡을 탄생시켰다. 그녀는 현재까지 약 360개의 상과 860여 회의 노미네이션을 기록했고, 그래미 13회, 골든 글로브 2회, 아카데미 주제가상 1회를 수상하며 현대 팝의 아이콘으로 자리매김했다.

'수많은 시련을 맞이하고 모두가 나를 의심할 때가 진정으로 용기를 낼 때'라고 레이디 가가는 말한다. 가가는 한 시상식에서 단상에 나와 이렇게 이야기했다.

"온 마음을 쏟아 일에 집중하고 절대 중간에 포기하지 마세요. 거절당하고 실패하는 데 개의치 마세요. 그러면 제가 약속하건대, 무엇이든 이룰 수 있습니다."

그녀를 조롱하던 사람들은 그녀를 무너뜨리지 못했다. 왕따였던 소녀는 그 굴욕의 시간을 연료로 바꿨다. 폭력과 모욕, 절망의 바닥에서도 그녀는 꿈을 버리지 않았다. 레이디 가가는 시련 속에서 무너져가는 사람에게 말한다.

"상처는 약점이 아니다. 나를 이곳까지 끌어올린 연료다."

당신의 상처도 힘이 될 수 있다. 가가는 그 상처를 부끄러워하지 않았고, 지우려고도 하지 않았다. 버틸 수 없을 만큼 아팠던 날들이 오히려 그녀를 이 자리까지 데려왔다. 빛나는 사람들은 특별해서가 아니라, 상처를 견디는 방식이 남다르기 때문일지도 모른다.

지금의 당신도 마찬가지다. 버틴 상처가 많을수록, 앞으로 걸어갈 힘도 커진다. 우리가 믿어야 할 건 거창한 운명이 아니라 상처를 안고도 다시 앞으로 향하는 한 걸음이다.

직장에서 잘리고 맨땅에서 시작해 그래미를 거머쥔 여성 래퍼

"나는 계속 두드렸다.
문이 열릴 때까지."
프리다 칼로

2020년에 한 영상이 업로드됐다.

그날, 제일라 히크먼은 휴대폰 전면 카메라를 켜고 과자 한 봉지를 들었다. 그리고 담담하게 말했다.

"오늘 잘렸어 So I got fired today. 그래도 괜찮을 거야. 내일은 스튜디오들을 돌며 인턴십 자리가 있는지 알아볼 거야. 누가 신경 쓰겠어? 난 이제 더 이상 잃을 것도 없는걸. 머물 곳도 없고, 직업도 없고, 아이도 없고… 뭔 상관이야. 그냥 한번 해보는 거야."

그렇게 1분 19초의 영상은 끝난다. 제일라는 다음날부터 주변의 모든 스튜디오와 레이블 회사들을 찾아다녔다. 그녀는 레이블 회사에 자신을 알리기 위해 프론트데스크 직원에게 "이곳 인턴십에 채용됐다"고 말하기도 했다. 직원이 "당신이 누군데요?"라고 되묻는 일은 다반사였다. 수많은 문을 두드렸고, 수없이 거절당했다. 하지만 그녀는 무너진 자존심에 매달리지 않았다. 배울 수 있는 곳이라면 어디든 두드리겠다는 태도로, 묵묵히 나아갔다.

때는 2020년, 코로나바이러스로 미국 전역이 봉쇄Lock Down됐던 시기였다. 제일라는 낮에는 스튜디오와 레이블 회사를 돌며 본인을 홍보했고 끝나고 집에 오면 혼자서 음악을 만드는 데 몰두했다. 작사, 작곡, 녹음, 뮤직비디오 촬영까지 전부 혼자 해냈다. 음악을 만드는 데 필요한 비용은 코로나 지원금과 실업급여로 해결했다. 제일라는 말 그대로 완벽한 1인 레코딩 레이블 회사였다. 하지만 풀타임으로 예술 활동을 하기에 생활비는 빠듯했고 아무런 성과도 없던 그녀는 지쳐만 갔다. 본인이 제대로 하고 있는지조차 알 수 없었다.

그 시기 그녀는 뉴욕에서 〈더보이스The Voice, 미국의 경연 프로그램〉의 오디션이 열린다는 소식을 듣고 편도 티켓을 끊어 뉴욕으로 향했다. 돌아올 티켓조차 살 돈이 없었던 그녀는 오디션에 붙기만 하면 숙박 문제도 해결될 거라 믿었다. 그러나 결과는 탈락이었다. 돈도 머물 곳도 없어, 그녀는 그날 밤 맥도날드에서 하룻밤을 보내야 했다.

"돈도 없고 아는 사람도 없어 맥도날드에서 잠을 잤어요. 뉴욕은 정말 추운 곳이었어요. 나중에 대학교 기숙사 커뮤니티를 알게 됐고, 거기서 머물 곳을 제공받았죠."

잠자리가 해결됐다고 모든 게 나아진 건 아니었다. 돈이 없어 스튜디오를 빌릴 수도 없었기에 직접 모든 걸 만들어야 했다. 구형 노트북 하나, 중고 마이크 하나로 옷장 안에 들어가 랩을 녹음했고, 이불과 패딩을 벽에 걸어 흡음 패널을 대신했다. 휴지심은 팝 필터가 되었고, 책을 쌓아 올려 휴대폰을 고정하거나 고무줄로 문고리에 묶어 삼각대를 대신했다.

낮에는 레이블에 발품을 팔고, 밤에는 혼자 뮤직비디오를 찍고 편집해 틱톡·유튜브에 올렸다. 초반 영상은 조회수 100~200에 댓글은 0개가 다반사였고, 좋아요 3개 중 2개가 본인일 때도 있었다. 그래도 그녀는 매일 만들고 매일 올리고 매일 다시 시도했다.

제일라는 '도이치Doechii'라는 이름으로 첫 EP 「Yucky Blucky Fruitcake」를 발표한다. 이 곡은 틱톡에서 5만 명의 사용자가 음원을 사용하여 바이럴됐고 도이치라는 이름이 알려지기 시작했다. 사람들은 바이럴을 '운'이라고 했지만, 운이 오기 전까지 그녀의 핸드폰 안엔 700개의 작업 파일이 쌓여있었다.

그리고 2022년, 그녀는 켄드릭 라마의 둥지로 알려진 TDETop Dawg Entertainment와 캐피틀Capitol Records 두 곳과 동시에 계약을 맺는다. TDE 역사상 첫 여성 래퍼였다. 이후 도이치는 싱글 「What it is (Block boy)」로 빌보드 핫100에 진입하며 대중적 인지도를 폭발적으로 높였다.

그리고 다시 2025년.

“오늘 잘렸어, 하지만 괜찮을 거야”라는 영상을 올린 지 정확히 5년 뒤, 도이치는 Best Rap Album 부문에서 그래미상을 수상했다. 가수에게 가장 영예로운 상이었다. 그녀는 단상에 올라가 금방이라도 터질 것 같은 울음을 참으며 수상 소감을 전했다.

“이 베스트랩 앨범 카테고리는 1989년에 만들어졌죠. 지금까지 2명의 여성이 이 상을 받았습니다. 아니, 3명이 받았습니다. 로렌힐(힙합 그룹 푸지스로 세계적인 성공을 거둔 미국 출신의 래퍼), 카디비(빌보드 Hot 100 1위 기록을 세운 여성 래퍼), 그리고 도이치. 빛나는 재능을 가진 수많은 아티스트에게 이 말을 전하고 싶습니다. 여러분은 할 수 있습니다. 무엇이든 가능합니다. 무엇이든 가능하다고요. 다른 사람이 여러분의 한계를 정하게 두지 마세요. 당신의 피부가 너무 어둡다고, 충분히 똑똑하지 않다고, 너무 요란하다고, 너무 과하다고, 그 어떤 고정관념도 받아들이지 마세요. 여러분은 바로 지금 이 자리에 서기 위해 필요한 모든 것을 이미 가지고 있습니다. 제가 살아있는 증거입니다.”

어느 날 우리도 어떤 ‘통보’를 받을지도 모른다. 계약 해지, 불합격, 보류, 실패, 거절 등. 이 단어들은 보기에 따라 종착역처럼 느껴지지만 사실은 새로운 분기점일 수도 있다. 도이치는 우리에게 묻는다.

“여정은 아직 끝나지 않았는데 다음은 어디로 향할 건가요?”

불이 꺼진 자리에 멍하니 서 있을 것인가 아니면 어둠 속에서 용기 있게 한 걸음을 내디딜 것인가. 해고됐던 그날, 다음날부터 뭐든 해보겠다고 결심한 순간, 어쩌면 그녀의 인생은 이미 바뀌었는지도 모른다. 돈도 없고, 집도 없고, 인맥도 없었지만, 그녀는 꿈을 향해 매일 행동했다.

삶은 매일 다양한 방식으로 질문을 던진다.

"이런 상황인데도 그 꿈을 지속할 거야?"

"정말 네가 할 수 있다고 생각해?"

삶이 던진 질문 앞에서 그녀가 선택했던 건 한가지였다.

꿈을 위해 계속 노크를 한 것. 그러자 굳게 닫혀있던 꿈이라는 문은 그녀를 향해 활짝 열렸다.

평생을 할애할 만한
자신의 과업

"인생의 의미를 찾는 사람에게는
어떤 고난도 견딜힘이 생긴다."
빅터 프랭클

엔비디아의 CEO 젠슨 황이 칼텍 대학교 졸업식 연단에 섰다. 2025년 기준 전 세계 시가총액 1위 기업 엔비디아의 창업자이자 CEO, 그리고 억만장자인 그는 졸업을 앞둔 학생들에게 어떤 이야기를 건넸을까. 세계적 명문 칼텍의 졸업식 무대에서 그는 한 가지 이야기로 연설을 시작했다.

"제가 일본을 방문했을 때, 교토의 '실버 템플'이라는 곳을 찾았습니다. 이곳은 이끼로 유명한 정원입니다. 그날은 무척 덥고 습도도 높았으며, 공기까지 탁했던 날이었습니다. 저는 그곳에서 한 정원사를 만났죠. 참고로 이끼 정원은 매우 큽니다. 거의 칼텍의 안뜰만큼 넓을 겁니다. 정원사는 쪼그리고 앉아 조심스럽게 대나무 집게로 이끼를 집어 올리고 있었습니다. 저는 그에게 다가가 물었습니다."

"무엇을 하고 계시나요?"

"죽은 이끼를 줍고 있습니다. 제 정원을 돌보는 중이죠."

"하지만 선생님의 정원은 이렇게나 큰데요?"

그러자 정원사는 이렇게 답했습니다.

"저는 25년 동안 이 정원을 돌봐 왔습니다. 시간은 충분합니다."

"그 정원사가 한 말은 제게 큰 깨달음을 주었습니다. 이 정원사는 한 가지 작업에 평생을 헌신하고 있었습니다. 그리고 그렇게 할 때, 시간은 충분했습니다. 여러분도 여러분의 '평생의 과업'이 무엇인지 고민해 보세요. 그것을 찾고, 평생을 바친다면 시간은 언제나 충분합니다."

돈과 명예는 언젠가는 무너질 수 있지만 오랜 시간을 들여 이룩한 과업은 절대 무너지지 않는다. 인생은 단기적인 레이스가 아니다. 오랫동안 달리는 마라톤에 더 가깝다. 자신이 이루어야 할 진정한 과업을 찾는 것, 그리고 그 과업을 완성하기 위해 평생을 헌신하는 것. 진정한 가치는 그곳에 있다.

성공한 인물들을 보면 그들은 단기적인 목표보다 먼저 '평생의 방향'을 확보했다. 방향이 정해지면 속도는 중요하지 않다. 어떤 폭풍 속에서도 흔들리지 않는 사람은 결국 해야 할 일을 평생의 과업으로 정해둔 사람이다. 그렇게 평생의 과업을 정한 사람에게 시간은 충분하다.

하루를 3일처럼 사는 시간 관리의 비밀

"시간을 잘 쓰는 것이
삶을 가장 잘 다루는 것이다."

레오나르도 다빈치

성공한 기업가 에드 마일렛은 사업가이자 팟캐스트 <Impact Theory>의 운영자인 톰 빌리유의 인터뷰에서 시간에 대해 이렇게 설명했다.

"시간의 개념은 바뀌었습니다. 24시간은 옛날 사람들이 시간을 대하던 방식이었어요."

과거에는 누군가에게 편지를 보내는 데에도 수일에서 수개월이 걸렸다. 지금은 5분 안에 끝낼 수 있는 일이 과거에는 몇 달, 어쩌면 몇 년이 걸리기도 했다. 24시간이라는 시간 개념은 그런 토대 위에 만들어졌다.

대부분의 사람은 며칠 안에 끝날 일을 괜히 늘려서 몇 주 동안 붙잡곤 한다. 데드라인이 없기 때문이다. 에드 마일렛은 "20년 전부터 나에게 적용한 시간 관리 방식이 내 삶을 완전히 바꿨고, 나를 억만장자로 만들었다"라고 말한다. 그 시간 관리법의 비밀은 '짧은 데드라인', '긴급성', 그리고 '딥워크(미국의 칼 뉴포트가 제안한 개념으로, 방해 요소를 완전히 차단한 상태에서 하나의 중요한 작업에 깊고 완전하게 몰입하는 업무 방식)'에 있다. 누구나 마감일이 코앞에 닥쳤을 때 집중력이 폭발하는 경험이 있을 것이다. 데드라인이 있으면 긴급성이 생기고, 긴급성은 깊은 몰입(딥워크)을 만들어낸다.

에드 마일렛이 소개하는 시간 관리 방식은 하루를 3개의 '미니 day'로 나누는 것이다. 다음은 하루를 3일로 사는 방식이자 생산성을 3배로 높이는 방법이다.

<하루를 아래와 같이 3등분 한다>

- 첫째 날은 새벽 6시에서 정오 12시까지이다.
- 둘째 날은 정오 12시에서 오후 6시까지이다.
- 셋째 날은 오후 6시에서 오전 12시까지이다.

이렇게 하면 일주일이 7일이 아니라 21일이 된다. 마치 하루를 3일과 같이 사는 것이다. 하루가 6시간이라는 마인드 셋의 변화는 긴급성을 가져온다. 6시간이라는 하루 안에서 해야 할 모든 일을 끝마치게 돕는다. 만약에 생산적이지 않은 하루를 보냈다면? 그래도 괜찮다. 다음 날이(12시에서 오후 6시) 있기 때문이다.

에드 마일렛은 말한다.

"이 시간 관리법의 놀라운 점은 이겁니다. 남들이 하루 24시간, 52주, 365일을 살 때 저는 같은 시간을 1,096일(365×3) 사는 것처럼 사는 겁니다. 한 달만 쌓여도 모든 것이 달라지기 시작합니다. 1년이 지나면 경쟁자들을 따돌립니다. 5년이 지나면? 인생이 완전히 바뀝니다. 다른 사람들이 무엇을 하든 절대로 따라잡을 수 없는 격차가 생깁니다."

시간에는 밀도가 존재한다. 아무 생각 없이 TV를 보며 보내는 1시간과 목표와 의도가 있는 1시간의 밀도는 완전히 다르다. 성공하는 사람들은 시간의 밀도를 높이는 사람들이다. 같은 1시간이라도 그 시간에 모든 에너지를 쏟은 사람은 완전히 다른 결과를 만들어낸다. 시간의 마법은 복리처럼 작용한다. 쌓일수록 나중에는 기하급수적인 보상으로 돌아온다.

시간을 지혜롭게 활용하는 사람의 1년은 우리가 이것저것 하며 산만하게 보낸 5년의 밀도와 같다. 즉, 같은 시간을 보냈지만 성과가 없는 이유는 시간의 양이 아니라 시간의 밀도 때문이다. 차이를 만드는 것은 시간이 아니라 시간을 사용하는 방법이다. 하루를 6시간짜리 작은 날로 쪼개고, 그 작은 날 안에서 긴급성을 만들고, 딥워크로 밀도 있는 시간을 보내는 사람들은 같은 시간을 보내더라도 전혀 다른 결과를 만든다.

남들이 1년을 365일로 살 때, 1,000일처럼 살아보자. 인생의 속도는 재능이 아니라 시간의 밀도에서 결정된다. 당신의 하루는 여전히 24시간인가, 아니면 6시간짜리 날이 세 번인가?

시간을 무의미하게 흘려보내는 사람이 아니라, 시간을 지배하는 사람이 되자. 그 순간부터 당신의 성장 속도는 누구도 따라올 수 없다.

시간을 정복한 한 남자의 비밀

"우리는 시간이 부족한 것이 아니라, 대부분을 낭비할 뿐이다."
세네카

류비셰프가 살아생전 얼마나 많은 저작물과 연구 자료를 남겼는지는 그와 매우 가까웠던 사람들조차 정확히 알지 못했다. 그는 생전에 70여 권의 학술 서적을 발표했고, 총 1만 2,500여 장에 달하는 논문과 연구 자료를 남겼다. 인문학·예술 분야의 학자들이 평균 10~50편(150~750쪽), 자연과학 분야가 평균 100편(1,500쪽) 정도의 결과물을 남기는 것에 비하면 압도적인 양이었다.

그가 다룬 분야는 곤충분류학, 과학사, 농학, 유전학, 식물학, 철학, 곤충학, 동물학, 진화론, 무신론 등 매우 폭넓었다. 여가 시간에 취미로 곤충을 분류해 표본을 만들었는데, 그 수만 1만 3,000마리에 달했다. 이는 러시아 동물연구소가 보유한 자료보다 6배나 많은 양이었다. 이 방대한 업적의 비밀은 류비셰프만의 '시간 관리법'에 있었다. 류비셰프는 26세부터 82세까지 무려 56년 동안 하루도 빠짐없이 자신이 한 일과 소요 시간을 노트에 기록했다.

<1964년 4월 7일, 율리야노프스크>

- 곤충분류학: 알 수 없는 곤충 그림을 두 점 그림 (3시간 15분)
- 어떤 곤충인지 조사함 (20분)
- 추가 업무: 슬라바에게 편지 (2시간 45분)
- 사교 업무: 식물보호단체 회의 (2시간 25분)
- 휴식: 이고르에게 편지 (10분)
- 톨스토이의『세바스토풀 이야기』독서 (1시간 25분)
- 기본 업무 (6시간 20분)

류비셰프는 하루를 10~15분 단위로 쪼개 그 시간에 한 일을 모두 기록했다. 연구·논문·집필·독서·휴식·산책·사적인 일·서신 작성 등 모든 활동을 분 단위로 세밀하게 적었다(ex. 면도 15분, 곤충 그림 3시간 15분 등). 하루가 끝나면 각 활동에 쓴 시간을 합산하고, 이를 주·월·연 단위로 누적 집계했다. 한 해 동안 어떤 일에 얼마나 시간을 썼는지, 어디에 과도하게 썼는지, 무엇을 개선할지 분석했다. 그의 노트에는 '문학작품 9,000쪽을 읽는 데 247시간이 걸렸다.'라는 식의 데이터가 수두룩하다. 즉, 그는 하나의 일에 필요한 시간을 정확히 알고 있었고, 그 데이터를 기반으로 계획을 세웠다.

류비셰프는 단 1분도 헛되이 쓰지 않기 위해 자투리 시간도 효율적으로 활용했다. 버스나 기차를 타는 시간, 회의 시간, 줄을 서 있는 시간조차도 그냥 흘려보내지 않았다. 여행 중에도 가벼운 책이나 외국어 학습 자료를 들고 다녔고, 제2외국어였던 영어도 자투리 시간을 활용해 독학했다.

흥미로운 점은, 류비셰프가 '극단적인 근면형 인간'처럼 하루에 14~15시간씩 일하지는 않았다는 사실이다. 그는 순수한 집중 시간으로 하루 약 7~8시간가량 일할 때 가장 높은 생산성을 보였다고 기록했다. 실제로 그가 하루 동안 가장 오래 일한 날도 11시간 30분에 불과했으며, 그 이상 일한 적은 없었다. 그의 시간 관리의 핵심은 기록과 결산, 피드백, 개선에 있었다.

현대인 대부분은 시간을 낭비한다. 전 네이비씰 출신이자 울트라 마라토너 데이비드 고긴스는 이렇게 말한다.

"사람들은 핸드폰 같은 기기들에 너무 많은 시간을 버립니다. 그리고는 '시간이 없어요'라고 말하죠. 하루를 기록해 보세요. 얼마나 쓸데없는데 시간을 버리는지 똑똑히 보게 될 겁니다."

우리를 방해하는 요소는 너무나도 많다. 인터넷, 유튜브, 스마트폰, 인스타그램, 게임 등. 이 모든 것들은 우리가 더 큰 목표를 이루는 데 방해요소가 된다. 기억해야 한다. 도파민을 빠르게 소모하는 습관을 지닌 이들 중에 성공한 이들은 아무도 없었다는 사실을. 목표를 이루기 위해서는 어떤 목표를 이루느냐보다 목표를 이루기 위해 어떤 것을 그만둘 것인지 정하는 게 더 중요하다.

류비셰프가 평생 놀라운 성취를 이룰 수 있었던 이유도 여기에 있다. 그의 하루에는 불필요한 방해 요소가 하나도 없었고, 오롯이 연구에 몰입할 수 있는 시간이 많았다. 그는 시간을 철저히 기록하며, 매일, 매주, 매달 어떻게 하면 시간을 더 잘 사용할 수 있을지 피드백하고 개선했다.

세계 1%의 전문가들은 재능으로 올라간 것이 아니라, 시간을 제대로 설계하는 방식으로 올라갔다. 우선 하루 1시간을 목표로 몰입을 시작해라. 그리고 점차 자신의 일상을 어떻게 촘촘하게 구성할지 고민해 보자.

시간을 지배하는 사람이 인생도 지배한다. 류비셰프가 시간을 지배한 방법은 단순하다. 기록하고, 결산하고, 피드백하고, 개선하는 것. 하루 1시간의 집중이 1년을 바꾸고, 1년의 축적이 당신의 인생을 바꾼다.

꿈은 거대하게 행동은 작게
: 거대한 목표를 이루는 비밀

*"내가 비행기를 먹을 수 있었던 이유는
먹을 수 있을 만큼 작은 크기로 잘게 부쉈기 때문이다."*
2년에 걸쳐 비행기를 전부 먹은 남자, 미셸 로체토

Ted x Tucson 강의에서 미국 출신의 투자자 스티븐 듀니어Stephen Duneier는 <가장 거대한 목표를 이루는 법How to achieve your most ambitious Goals>이라는 주제로 강연을 했다. 강연에서 스티븐은 거대한 목표를 이루는 것은 특별한 재능이나 타고난 능력이 아니라 일을 작은 단위로 나누고 시행하는 능력에 달려있다고 말했다.

듀니어는 어릴 때 ADHD가 심했었다고 한다. 그 덕에 학점은 C-를 받았고 학습 속도도 느렸다. 하지만 지금의 그는 아래와 같은 업적들을 달성했다.

- 세계적인 금융인
- 예술가
- 그래니스퀘어 뜨개 기네스 기록 보유자

- 평범한 학생에서 A⁺ 우등생
- UC 산타바바라의 대학 교수
- 비행기 조종사
- 책을 집필한 작가
- 독일어 능력자

듀니어가 이 모든 것들을 이룰 수 있었던 이유는 아래의 전략 덕분이었다.

'거대한 목표를 실제로 집중할 수 있는 아주 작은 단위로 쪼개고 매일 실천하며 개선하는 것.'

예를 들어 다섯 페이지의 책을 읽는 목표가 있다면 이를 잘게 쪼개 '한 번에 한 문단씩' 읽는 것으로 나눴다. 그리고 이를 반복했다. 다섯 페이지를 한 번에 읽는 것은 힘들지만 한 문단을 읽는 것은 수월했다. 듀니어는 작은 목표를 세우고 성취하는 과정을 반복했다. 그 과정에서 아래와 같이 목표 성취를 위한 개선점을 찾아냈다.

"저녁엔 집중이 안 되네. 오전에 읽어야겠다."
"속독을 배워볼까?"
"손가락으로 따라 읽으니 더 잘 읽히네."

스티븐은 이를 '미세 조정'이라고 표현했다. 이런 미세 조정들이 쌓이면 궁극적으로 더 큰 목표 달성으로 이어졌다. 예를 들어 5페이지의 책을 읽는 목표를 정하고 이를 실행하다 보면 더 빠르게 읽기 위한 '개선점', 즉 미세 조정을 찾아낼 수 있었고, 이 개선점을 적용하다 보면 더 높은 목표(10페이지 읽기)를 수월히 달성할 수 있었다.

아무리 거대한 목표라도 작은 단위로 쪼개면 실행할 수 있는 행동으로 바뀐다. 내가 반복하고 있는 행동에 개선점을 찾아 스스로 피드백을 주는 것. 이것이 스티븐이 사용한 전략의 전부였다. 그는 이 단순한 공식으로 평범한 사람이 평생 이루기 힘든 목표를 여러 번 달성했다.

∽

19세기 영국 작가 앤서니 트롤로프는 39년간 매일 글을 써 장편소설 47권, 단편·에세이 등 총 96편이 넘는 저작물을 남겼다. 놀라운 점은 그가 풀타임 우체국 공무원이었다는 사실이다. 그는 아침 3시간을 글쓰기에 활용해 이 업적을 달성했다. 트롤로프는 '시간이 없어서 글을 못 쓴다'는 변명 대신 하루를 철저하게 쪼개서 일정 시간을 글 쓰는 시간에 할애했다.

"저는 글 쓰는 시간을 15분 단위로 나눴습니다. 15분마다 목표는 250단어를 쓰는 것이었어요. 이걸 쓰지 못하면 제 잘못이었죠."

그는 15분마다 명확한 목표(250단어)를 정했고, 이 방식을 통해 매일 3시간을 온전히 글쓰기에 집중했다. 그 결과 매일 3,000단어, 10페이지 분량, 한 달에 한 권 분량의 소설을 완성할 수 있었다. 트롤로프의 성과 비결은 다음과 같았다.

1. 명확한 목표를 정하라
'하루에 3시간 써야지'라는 목표는 막연하지만, '15분만 집중하자'는 즉시 행동을 유도했다.

2. 작업 단위를 수치화하라
15분당 250단어라는 '명확한 단위'는 몰입을 유발했고 성공과 실패 여부를 객관적인 수치로 확인할 수 있게 만들었다.

3. 완벽보다는 꾸준함
매일 일정량의 진전을 쌓는 것이 장기적 성과를 만든다는 철학을 가지고 있었다.

4. 루틴의 자동화
매일 같은 시간, 같은 장소에서 글을 쓰며 피로도가 많이 들 수 있는 '의식적 결심'을 없앴다.

5. 작은 성공의 반복
15분 동안 250자의 글자를 쓰는 작업을 성공적으로 마쳤을 때 뇌는 이를 '작은 성공'이라 판별했다. 이는 트롤로프에게 지속적인 성취감과 만족감을 불러왔고 글쓰기를 계속하고 싶게 만들었다. 즉 매일 12번의 작은 승리는 그가 38년 동안 지치지 않고 글을 쓰게 만드는 원동력이 되었다.

스티븐 듀니어와 트롤르프가 이룬 성취의 비결은 이것이었다.

'꿈은 거대하게, 행동은 작게.'

아무리 거대한 목표라도 작은 행동으로 매일 실행하다 보면 그들이 그랬던 것처럼 여러분도 어떤 목표든 분명히 이룰 수 있을 것이다. 위대한 성취는 거대한 재능에서 나오지 않는다. 목표를 쪼개고, 작게 시작하며, 매일 개선하는 '패턴'에서 나온다. 작은 행동은 작아 보이지만, 시간이 지나 쌓일수록 인생 전체를 바꾸는 힘을 가진다는 걸 상기하자.

무언가를 배우기 위해 필요한 시간은 20시간

"교육의 뿌리는 쓰지만 그 열매는 달다."
아리스토텔레스

미국의 1,000억대 기업가이자 Acquisition.com의 창업가인 알렉스 호모지는 무언가를 학습하는 최고의 방법에 대해 이렇게 설명했다.

"무언가를 배우기 위한 시간은 20시간이면 충분합니다. 전문가 레벨까지는 아니더라도, 20시간이면 혼자서 충분히 잘할 정도로 배울 수 있습니다."

그리고 이어서 자신의 웹사이트를 독학으로 만들게 된 계기에 관해 설명했다.

"저는 그때 당시 제 사업을 운영하기 위해 웹사이트가 필요하다고 생각했습니다. 하지만 수년간 만들지 않았죠. 저는 이렇게 생각했습니다. '피트니스 업계에 있던 사람이 어떻게 웹사이트를 만들어?' 몇 년이 지나고 어느 주말이었습니다. 저는 '더 이상 미루지 말자!'라고 스스로에게 말했고 그냥 웹사이트를 만들어 보기로 결정했습니다. 구글링을 하며 웹사이트를 만드는 방법을 찾아보고 학습했고 결국 4시간 안에 웹사이트를 완성했습니다. 네, 딱 4시간이 걸렸습니다. 참 웃기죠. 웹사이트를 만들기까지 4년 하고 1일이 걸린 셈이었습니다. 우리는 무언가를 시작할 때 프레임을 바꿔서 이렇게 생각해봐야 합니다. '무언가를 배우는 최고의 방법은 첫 20시간의 학습을 누구보다 빠르게 실행하는 것이다.' 첫 20시간이면 충분합니다. 기타를 치는 것이든, 광고를 돌리는 것이든, 콘텐츠를 만드는 것이든, 첫 20시간 동안에 가장 값은 것을 배울 겁니다. 우리는 실패를 두려워하는 게 아니라, '멍청해 보이는 것'을 두려워하는지도 모릅니다. 20시간이면 충분합니다. 캘린더를 보고 20시간을 스케줄링해 보세요. 4시간씩 월요일부터 금요일까지 5일 동안 플래닝을 해도 되고 주말 이틀 동안 10시간씩을 계획해볼 수도 있습니다. 20시간이면 충분히 그 일을 할 수 있을 만한 수준의 '괜찮은 전문가'가 될 수 있습니다."

베스트셀러 작가이자 『퍼스널 MBA』의 저자인 조시 카우프먼은 TED 강연에서 '20시간의 법칙'에 대해 이렇게 설명했다..

"1만 시간의 법칙은 틀렸습니다. 그리고 대부분의 사람은 무언가를 배우기 위해 1만 시간을 투여할 여력도 없습니다. 실제 연구에 의하면, 초기 학습 곡선이 매우 가파르기에 처음 몇 시간의 연습만으로도 실력이 급격히 상승합니다. 진짜 필요한 시간은 20시간 정도입니다. 집중적이고 의도적인 연습 20시간이면 어떤 기술이든 꽤 잘할 수 있습니다. 20

시간은 하루에 45분씩 한 달이면 가능한 시간입니다."

조시 카우프먼은 효과적인 학습 4단계에 대해 아래와 같이 설명했다.

<20시간 학습 4단계>

1단계: 기술을 쪼개라
→ 배우려는 기술을 작은 단위로 나누고, 가장 중요한 요소부터 집중하라.

2단계: 피드백이 가능한 만큼만 배워라
→ 자료 3~5개 정도만 참고하고 책만 파고들지 말고 바로 연습을 시작해야한다. 실행하면서 배우는 게 가장 빠르다.

3단계: 연습을 방해하는 요소 제거
→ 스마트폰, TV 등. 방해가 될 수 있는 요소를 차단해라.
스마트기기를 다른 방에 놓는 것도 도움 된다.

4단계: 20시간 이상 연습
→ '순수 연습 시간'으로 20시간 이상을 채워라. 밥을 먹거나 쉬는 시간은 제외한 실제 연습 시간이어야 한다.

Ted Talk 강의의 막바지에 조시 카우프먼은 TED 무대에서 본인이 20시간 동안 연습한 우쿨렐레 악기를 메들리로 연주해 위 내용을 증명했다. 그는 6곡 넘게 연주를 하며 팝송 메들리를 불렀고 연주는 20시간 학습한 것 치고 상당히 훌륭했다.

카우프먼은 사람들이 배움을 시작하지 못하는 결정적인 이유는 '지적 장벽'에 있는 게 아니라 '감정적 장벽'에 있다고 주장한다. "나는 못해",

"이걸 배우는 데는 너무 오래 걸릴 거야"등 사업가 알렉스 호모지가 빠졌던 같은 오류에 빠진 것이다. 그 오류를 깨는 가장 효과적인 방법은 일단 시작하는 것이다. 망설임 없이. 아무 생각 없이 말이다.

두려움을 이겨내고 일단 시작해 보자. 여러분들도 새로운 것을 배우고 싶은가? 그럼 일단 오늘 바로 시작하자. 악기를 배워보고 싶었는가? 그것도 오늘 바로 시작하자. 시작이 어렵다면 악기부터 그냥 구매해 보자. 부업에 도전하고 싶지만, 심리적 장벽 때문에 시작조차 하지 못하고 있는가? 마찬가지다. 일단 작게라도 시작해 보자. 20시간도 너무 많아 보이는가? 그렇다면 매일 45분만 투자하자. 이 정도면 할 수 있지 않은가? 그것도 많다고 생각하는가? 그럼 5분만 투자해 보자. 5분은 아무리 바빠도 투자할 수 있지 않은가.

완벽한 커리큘럼을 짜고 모든 것을 학습하고 시작하겠다는 완벽주의는 버리자. 그렇게 접근했다가는 결국 아무것도 시작하지 못한다. 대신 스스로에게 이렇게 질문해 보자.

내가 이걸 배우기 위해 혹은 시작하기 위해 오늘 할 수 있는 가장 작은 행동은 무엇인가? 그 답이 떠올랐다면 오늘 바로 실행하자. 작은 행동을 반복할 때 모멘텀이 생기고, 그 모멘텀은 결국 거대한 스노우 볼이 되어 돌아온다. 20시간의 법칙은 처음의 짧은 몰입으로 평생을 바꾸는 경험을 선사한다.

망설임의 시간을 줄이고, 시작 시간을 늘리면 여러분의 인생이 바뀐다. 여러분이 미뤄온 모든 일은, 사실 20시간이면 해결되는 문제였을 수 도 있다.

인생을 바꾸는 시간은 '매일의 1시간'

"당신이 선택한 분야에서 필요한 건 하루 한 시간의 공부입니다.
매일 한 시간씩 공부하면 3년 안에 그 분야의 정상에 오를 것이고,
5년이면 전국적인 권위자가 되며,
7년이면 전 세계에서도 손꼽히는 전문가가 될 수 있습니다."

얼 나이팅게일

자산 1조 원이 넘는 억만장자 기업가 제시 잇츨러는 남들을 앞지르기 위한 습관, '100의 법칙Rule of 100'에 대해 이렇게 설명했다.

"매일 18분씩 단 하나의 분야에 쏟아보세요. 그러면 1년에 108시간이 됩니다. 바이올린이든, MMA든, 킥복싱이든, 수영이든 무엇이든 상관없습니다. 이 정도 시간을 한 분야에 쏟으면, 여러분은 그 분야의 95% 사람들보다 뛰어나게 될 겁니다."

성공학의 권위자 브라이언 트레이시는 인생을 바꾸는 시간은 아침의 골든 아워(1시간)라고 말했다. 1시간을 본인의 전문성에 매일 투자하는 사람은 5년이 지나면 그 분야에서 상위 5% 안에 든다고 말하며 놀랍지만, 사실이라고 강조했다.

대부분의 사람은 너무 거창하게 생각한다. 시작하기 전에 완벽한 계획을 세워야 하고, 수백·수천 시간을 들여야 전문가가 될 수 있다고 믿는다. 그러다 보니 아예 시도조차 하지 않는다. 하지만 세계적으로 성공한 사람들은 입을 모아 말한다.

'하루에 1시간, 적게는 18분이면 충분하다고.'

대다수는 완벽한 때가 오기를 기다리며 수년, 수십 년을 흘려보낸다. 안타깝지만 그런 때는 오지 않는다. 하루 몇십 분의 작은 습관들이 여러분의 인생을 바꿀 수 있다. 변화에 필요한 시간은 그리 크지 않다.

정말 누구나 하루에 18분, 많게는 1시간은 낼 수 있지 않은가? 만약 여러분의 인생을 바꾸기 위해 그 정도 시간도 낼 수 없다면 더 이상 해줄 말은 없다.

집념의 힘
: 방구석 골방에서 혼자 창조한 PC게임

"끈기는 어떤 천재성보다 강력하다."
앤드류 카네기

에릭 바론은 평범한 미국인 청년이었다. 워싱턴 대학교에서 컴퓨터 과학을 전공했지만, 졸업 후 직장을 구하지 못했다. 안정적인 커리어를 쌓고 싶었지만 학점이 좋지 않았던 그는 지원하는 곳마다 모두 거절당했다. 점점 돈은 떨어져 갔지만 직장은 구할 수 없었다. 에릭은 이력을 쌓기 위해서라도 무언가를 시작해야 했다. 이때 에릭은 일본의 농장 시뮬레이션 게임 '하베스트 문[Harvest moon]'에 깊은 영감을 받았다. 하베스트 문은 혼자 농장을 키우는 아기자기한 PC게임이었다.

"그래 이거야!"

그는 혼자서 사이드 프로젝트를 도전하기로 결심한다.

"3~4개월이면 충분하겠지? 내 실력을 증명할 훌륭한 무언가를 만들어 보는 거야."

하지만 에릭은 태어나서 한 번도 게임을 만들어 본 적이 없었다. 게임 하나를 만들기 위해서는 수많은 요소가 필요하다. 프로듀서, 스토리텔러, 개발자, 아티스트, 오디오 디렉터, 디자이너 등 역할이 셀 수 없이 많다. 예를 들어 슈퍼마리오 오디세이 개발에는 무려 68개의 역할이 필요했다. 이런 작업을 혼자 해낸다는 건 거의 불가능에 가까웠다. 어쩌면 에릭을 도와줄 사람이 필요할지도 몰랐다.

그럼에도 에릭의 생각은 단호했다. 그는 모든 스토리라인의 시나리오를 직접 쓰고 싶었고, 모든 아트 디자인도 직접 그리고 싶었으며 OST도 혼자 작곡하고 싶었다. 이는 누구의 도움도 받고 싶어 하지 않는 그의 성향이 크게 작용했다. 에릭은 낮에는 게임 개발을 하고, 저녁에는 극장 안내원으로 일하며 생계를 유지했다. 퇴근 후 집에 돌아오면 다시 새벽까지 개발을 이어갔다. 사이드 프로젝트로 시작했던 일은 어느새 그의 모든 시간을 빨아들이는 '메인 프로젝트'가 되었다.

게임의 이름은 Sprout Valley(나중에 Stardew Valley로 변경된다). 개발 기간은 처음 생각했던 1년을 훌쩍 넘어 4년으로 늘어났다.

에릭은 매일 최소 12시간씩 컴퓨터 앞에 앉아 개발에 몰두했다. 픽셀 아트가 필요해서 픽셀 아트를 독학했고, 음악이 필요해 작곡 프로그램을 배웠다. 스토리라인이 필요해 수백 개의 대본을 직접 작성하기도 했다. 수십 명이 나눠서 하는 일을 혼자 해낸 셈이었다. 그에게는 아르바이트를 하며 만난 여자 친구 엠버 해거먼이 있었는데, 에릭은 훗날 "엠버가 없었다면 절대 이 게임을 완성하지 못했을 것"이라고 말했다. 그녀는 번번한 직업도 없던 에릭을 물심양면으로 지원했다. 부모님의 집에 얹혀살고 있던 에릭은 그녀와 함께 독립하기로 결심하고 시애틀에 있는 한 아파트로 이사간다. 그때 에릭은 아르바이트도 그만둔 상태였다. 그가 만들고 있던 게임은 단 1달러의 수입도 없었고, 언제 완성될지도 알 수 없었다.

엠버는 비디오게임에 올인하는 남자 친구를 위해 주중에는 풀타임으로 일하고 주말에는 바리스타·베이비시터 일을 병행하며 모든 생활비를 책임졌고 심리적 지지도 아끼지 않았다. 그의 연인이 생활비를 벌기 위해 일을 하는 동안 에릭은 12시간 동안 온전히 게임 개발에 매진했다. 게임을 만들기 전에는 캐릭터를 직접 디자인하는데에도 수많은 요소들이 들어간다는 것을 몰랐다. 캐릭터 디자인, 머리색에 명암을 주는 작업, 머릿결이나 옷을 표한하는 작업등, 에릭은 만들고 지우고 다시 만들기를 반복했다.

"아마 수천 시간을 픽셀 아트 디자인을 배우는 데 쓴 것 같아요. 개선하기 위해 수도 없이 배우고 반복해야 했죠."

이런 노력은 픽셀 아트뿐 아니라 게임을 구성하는 모든 요소에 필요했다. 태어나서 한 번도 해본 적 없는 일들을, 알려주는 사람도 없이, 오직 인터넷 자료를 뒤지며 하나씩 독학해야 했다. 그는 게임 내 캐릭터들의 자연스러운 대화를 위해 수백 개의 대본을 직접 작성했다. OST 역시 혼자 작곡해야 했다. 당연히 알려주는 이는 아무도 없었다. 이 모든 것들을 포럼과 블로그 포스팅, 댓글, 유튜브를 통해 독학했다.

1인 개발자로서 4년이 넘는 시간을 거의 아무런 소득도 없이 게임 개발에 뛰어든다는 것은 현실적으로 너무나도 힘든 일이었다. 자신을 지지해 주는 엠버가 있어 게임 개발에만 온전히 몰두할 수 있었지만 그럼에도 에릭은 불안했다. 그는 시간이 지날수록 지독한 고독과, 외로움, 불확실성에 시달렸다. 나중에는 본인이 게임을 제대로 만들고 있는지조차 확신할 수 없었다. 그는 매일 게임을 직접 플레이하며 테스트했고, 이것을 4년 반 동안 하루도 빠짐없이 반복했다. 하지만 시간이 흐를수록 의문이 깊어졌다.

"과연 이 게임이 좋은 게임일까?"
"이 정도 시간을 들일만한 가치가 있던 일이었을까?"
"날 믿어준 사람들에게 보답할 수 있을까?"

그때마다 에릭을 붙잡아 준 건 엠버였다.

"에릭, 지금까지 충분히 잘 해냈잖아? 할 수 있어. 난 자기를 믿어. 끝까지 해보자."

엠버는 에릭이 게임 제작을 끝까지 완성할 수 있게 곁을 지키며 정신적으로 큰 도움을 줬다.

그리고 마침내 완성된 게임 스타듀 벨리[Stardew Valley]는 2016년 스팀 출시

후 2개월 만에 200만 장, 이후 3,500만 장 판매라는 메가 히트를 기록했다(추정 매출 3억 달러, 한화로 약 3 900억 원). 에릭은 이 게임으로 약 620억 원을 벌었다고 알려져 있다. 에릭은 한 가지 목표를 향해 자신의 모든 시간과 에너지를 집중했다. 물론 주변 사람이 준 도움도 컸다. 하지만 불확실한 현실 속에서 모든 걸 건 사람은 에릭 자신이었다.

대부분의 사람은 집중의 힘Focus을 과소평가한다. 수많은 방해 요소가 넘치는 시대에서, 한 가지에 깊이 몰두하는 능력은 사실상 '슈퍼 파워'에 가깝다. 고대 그리스의 전설적인 수학자 아르키메데스는 말했다.

"긴 레버를 하나 주세요. 그럼 지구도 들어 올리겠습니다."

한 가지 목표에 온전히 집중하는 것. 그게 현대 사회에서의 가장 큰 레버리지다. 목표를 위해 한 가지 일에 집중하면 상상보다 더 큰 성취를 이룰 가능성이 확연하게 커진다. 그게 어떤 목표이든 간에 말이다. 여러분이 어디에서 시작했든 상관없다. 에릭도 픽셀 아트, 작곡, 스토리텔링, 캐릭터 디자인, 게임 제작 등 모든 것을 독학해야 했다. 알려주는 사람도 없었다. 하지만 그는 자신을 세상과 비교하지 않고 한 가지 목표를 위해 4년 이상을 쏟아부었다.

생각해 보자. 만약, 신이 '4년 동안 매일 12시간 한가지 목표에 몰입하면 반드시 이뤄준다'고 보장해 준다면, 누구나 그 4년을 기꺼이 투입할 것이다. 이처럼 확신이 있으면 결심하게 되고, 결심하면 한가지 목표에 몰입할 수 있게된다.

이루겠다고 결심하는 순간 모든 것이 변한다. 그 외 모든 것들은 핑계다. 하나의 일에 몰두하는 행동은 강력한 힘을 가지고 모든 벽을 뚫어낸다. 한 가지에 끝까지 물고 늘어진 사람만이 시간을 지렛대처럼 써서 남들은 절대 닿지 못하는 곳까지 올라간다.

진정한 변화의 시작
: 5단계 사이클 패턴

"비관론자는 모든 기회에서 어려움을 찾아내고,
낙관론자는 모든 어려움에서 기회를 찾아낸다."
윈스턴 처칠

무언가를 성취하기 위해서는 변화가 필요하다. 지금 여러분이 원하는 결과를 얻지 못했다면, 그것은 잘못된 방법을 계속 반복해 왔기 때문일 가능성이 크다. 하지만 대부분 사람에게 변화는 쉽지 않다. '변화'는 미지의 영역이기 때문이다. 무엇이 앞에 있는지 알 수 없고, 그 불확실성이 두려움을 만든다.

심리학자 돈켈리와 대릴 코너는 이런 변화 과정을 감정적 변화 사이클Emotional Cycle of Change에 대입해 설명한다. 모든 변화의 과정에는 반복되는 5단계가 있다.

<감정 변화 사이클 5단계>

1. 무지한 낙관주의Uninformed Optimism
이 단계는 모든 것이 좋아 보인다. 변화에 대한 저항이 거의 없고 에너지는 넘쳐난다. 무엇이든 할 수 있고 무엇이든 될 것 같다.
"와 유튜브 숏폼 부업 너무 좋아 보이는데?"
"와 이렇게만 하면 월 천만 원 쉽게 벌겠는데?"

2. 깨달은 비관주의Informed pessimism
정보를 얻고 실행할수록 생각보다 만만치 않다는 사실을 깨닫는다. 본인이 제대로 하고 있는지 의심되고, 변화에는 수많은 요소와 예상보다 훨씬 많은 작은 행동들이 필요하다는 걸 실감한다.
"와…. 이거 생각보다 시간도 오래 걸리는데?"
"어라, 이거 생각보다 어려운데?"

3. 절망의 계곡Valley of despair
90% 이상의 사람들이 이 단계에서 포기한다.
"망했다… 이건 나한테 안 맞는 것 같아."
"아… 이 사업은 아닌가 봐. 다른 걸 해볼까?"

하지만 현실은, 새로운 것에도 똑같은 어려움이 존재한다. 여기서 포기하는 사람들은 다시 1단계 '무지한 낙관주의'로 되돌아간다. 그리고 1→3단계를 계속 반복하면서 뚜렷한 성과를 못 내는 자신을 자책한다. 하지만 성과가 나지 않는 이유는 단순하다. 3단계를 끝까지 통과하지 못했기 때문이다.

4. 깨달은 낙관주의 Informed Optimism

이 단계에 도달한 사람들은 현실을 받아들이고 문제를 해결할 방법을 찾는다. 과정은 여전히 어렵고 복잡해 보이지만 계속하는 것만이 성취를 이루는 유일한 길이란 것을 깨닫는다.

이 단계를 지나면 본인만의 새로운 루틴과 습관들이 자리 잡기 시작한다. 효율적인 습관들이 몸에 배기 시작하며 선순환을 이루면 순식간에 임계점을 뚫고 성장한다. 여기서 중요한 것은 단 두 가지다.

1. 다시 1단계로 돌아가지 않는 것
2. 포기하지 않고 계속 지속하는 것
   (포기하는 순간 그 행동은 다시 나쁜 습관이 된다.)

5. 성취 Achievement

목표를 이루고 원하는 결과를 달성한 순간이다. 하지만 여러분의 여정은 여기서 끝나지 않는다. 이제는 새롭고 더 큰 목표를 설정하고 앞으로 나아가야 한다.

새로운 것에 도전하고 더 큰 목표로 확장할수록 위의 1~5단계가 반복된다는 것을 깨닫는다. 진짜 성공하는 사람들은 이 반복 과정 자체를 받아들이고, 그 과정을 통해 지속적인 성공 방법을 깨우친 사람들이다. 반면 실패하는 사람은 항상 새로운 기회만 찾아 떠난다. 그리고 무지한 낙관주의→깨달은 비관주의→절망→포기→다시 처음으로 돌아오는 패턴을 반복하며 평생 제자리걸음을 한다.

나폴레온 힐의 저서 『성공의 열쇠』에는 이런 내용이 나온다.

"성공하는 사람들의 특징은 그들이 더 똑똑하거나 뛰어나서가 아니었다(심지어 멍청한 사람도 많았다). 그들에게는 시작한 일을 끝마치는 단순한 습관이 있었다."

여러분은 현재 어느 위치에 있는가? 여러분이 무언가를 시작했음에도 성과가 나지 않았던 이유는 3번에서 좌절했기 때문이 아니었을까? 3단계에서 4단계로 넘어가는 임계점을 돌파하지 못했기 때문이 아닐까?

여러분이 새로운 일에 도전하고 있다면, 이 5단계 사이클을 이해하고 시작한 일을 끝내는 습관을 길러야 한다. 처음 세웠던 계획을 완수하는 것, 그 핵심은 단 하나다.

힘들어도 포기하지 않고 될 때까지 하는 것이다. 그렇지 않다면 다시 1단계로 돌아가고, 버티면 4단계로 올라간다. 계속 갈 것인가, 아니면 처음으로 돌아갈 것인가. 여러분의 손에 달려있다.

| 3장 |

인생을 확장시키는 법칙

: 생각의 폭을 넓히는 비밀 사고법

"세상을 바꾸는 힘은 언제나
'다르게 보는 눈'에서 시작된다."

SUCCESS PATTERN

배를 불태워라
: 성공의 시작은 대체재를 없애는 데서 시작된다

*"길이 없으면 만들어라.
돌아갈 길은 버려라."*
한니발 바르카

장군은 병사들과 함께 적의 땅에 발을 내디뎠다. 수평선 너머에서 이제 막 멀어져 온 배들이 뒤편에 줄지어 있었다. 그 배들은 병사들에게 안전한 귀환을 보장하는 마지막 탈출구였다. 그때 장군은 갑작스럽게 명령을 내렸다.

"저 배들을 불태워라."

처음에 병사들은 당황했다. 고향으로 돌아갈 길, 실패했을 때의 유일한 퇴로가 사라지는 순간이었다. 당황과 두려움이 물결처럼 번져갔다. 하지만 장군의 눈빛은 단호했다.

"이제 우리에게는 두 가지 선택뿐이다. 싸워서 이겨 살아남거나, 여기서 끝을 맞이하자!"

순간, 병사들의 가슴 속에 불길이 타올랐다. 뒤로 물러설 수 있는 길이 사라졌다는 사실은 오히려 그들을 단단하게 결집하게 했다. 그날 전투에서 그들은 상상을 초월하는 힘을 발휘했고, 결국 압도적인 승리를 거두었다. 승리가 아니면 죽음밖에 없었기 때문이다.

인간은 언제나 도망갈 길을 만들어둔다. 실패했을 때 변명할 구석을 남겨두고, 안전한 선택지 안에서 머무른다. 하지만 진정한 성공은 모든 퇴로를 끊는 결단을 내릴 때 나온다. 배를 태운다는 것은 단순히 물리적인 행동이 아니다. 그것은 스스로에게 도망칠 길을 허락하지 않겠다는 하나의 선언이다. 더는 '안 되면 돌아가면 되지'라는 선택권은 사라지고 없다. 남은 길은 오직 전진뿐이다. 이순신 장군 역시 압도적인 왜군 앞에서 병사들에게 이렇게 이야기하지 않았던가?

"필사즉생必死卽生, 필생즉사必生卽死."
"살고자 하면 죽고, 죽고자 하면 산다."

우리의 삶도 마찬가지다. 새로운 도전을 앞두고 많은 이들은 여전히 '만약 그 일이 안 되면 다른 걸 하지….'라는 생각으로 스스로를 붙잡는다. 안정적인 직장, 익숙한 환경, 주변의 시선. 우리를 망설이게 하는 것들은 결국 '돌아갈 배'다. 그 배는 늘 우리를 원래 자리로 되돌려놓는다.

누군가는 사업을 시작하며 배를 태운다. 누군가는 새로운 직장으로 이직하며 배를 태운다. 누군가는 더 나은 삶을 위해 안정을 포기하며 배를 태운다. 배를 태우는 행위는 내가 가지고 있는 모든 선택지를 없애 버린다. 그 순간에야 비로소 우리는 한 방향으로만 달릴 수 있게 된다. 두려움은 사라지고 오히려 강렬한 집중과 열정만 자리한다.

배를 태우는 행동은 전쟁터에서만 의미가 있는 것이 아니다. 오늘도 우리 앞에는 목표, 꿈, 관계, 그리고 스스로와의 싸움이라는 수많은 전장이 있다. 여러분에게도 모든 것을 걸고서라도 이루고 싶은 목표가 있는가? 그렇다면 반드시 기억해야 한다.

돌아갈 배를 남겨두는 한, 우리는 결코 온 힘을 다하지 못한다. 배를 태우는 순간, 두려움은 사라지고 마음은 단 하나의 방향으로 수렴한다. 역사가 증명한다. 위대한 도약은 언제나 퇴로가 사라진 자리에서 일어났다. 도망갈 퇴로를 없애는 그 결단이야말로 인생을 바꾸는 가장 강력한 힘이다.

몽크 모드
: 성과를 폭발시키는 '고립의 시간'

"세상에서 가장 위대한 성취는
고독 속 깊은 집중에서 탄생한다."
빌 게이츠

이만 갓지는 2021년 초, 자신의 삶을 통째로 재설계하는 실험을 시작했다. 이름하여 '몽크 모드(목표 달성을 위해 일정 기간 동안 외부 방해요소(SNS, 파티, 게임)를 완전히 차단하고 오직 자기 계발과 목표에만 집중하는 극도의 고립 생활 방식)'. 6개월 동안 오직 하나의 목표만 바라보기로 결심한 것이다. 그해 그의 나이는 스물한 살. 그리고 그해 그는 9백만 달러, 우리 돈으로 약 120억 원을 벌어들였다. 그는 담담하게 말했다.

"몽크 모드를 적용한 이후로 제 인생은 완전히 다른 레벨에 올라섰습니다. 90일의 몽크 모드만 주어진다면, 솔직히 뭐든 해낼 수 있다고 생각해요."

몽크 모드는 단순히 스마트폰을 멀리하는 것이 아니다. 수도승처럼 세속의 소음을 차단하고, 삶의 에너지를 단 몇 가지 목표에만 쏟아붓는 방식이다. 알림, 영상, 소셜피드, 약속, 의미 없는 대화…. 우리의 집중력을 갉아먹는 모든 요소들을 과감히 걷어내고, 오직 하나의 목표만을 향해 온전히 몰입하는 기술이다. 이는 '균형'이 아니라 '집중'을 선택하는 방식이며, 삶의 에너지를 의도적으로 한 지점에 모으는 행위다.

그가 몽크모드 기간에 지키는 기본 규칙은 세 가지다.

첫 번째, 하루 10분 명상.
처음엔 아무 변화도 없다. 하지만 2~3주가 지나면 마음이 이상하리만큼 고요해진다. 예전엔 한 번씩 끌렸던 자극들, 무의미한 스크롤링, 음식 갈망, 잡념이 어느 순간 힘을 잃는다.

두 번째, 하루 30분 운동.
격한 운동이든 가벼운 운동이든 상관없다. 몸을 움직이면 정신이 또렷해지고 집중력도 회복된다.

세 번째, 술과 담배 금지.
몽크 모드는 결국 자기 감정과 마주하는 시간이다. 고요함이 익숙해지고, 침착함이 기본값이 되어 간다. 술과 담배는 이 흐름을 방해하기 때문에 배제한다.

이 세 가지 기본 규칙에 개인의 상황에 맞는 규칙을 2~3개만 가볍게 더한다. 예를 들어 일정 기간 카페인을 줄인다든지, 식단을 정리한다든지, 하루 한 번 자신을 다잡는 기록을 남긴다든지, 목표와 직접 연결된 행동 하나를 매일 한다든지. 중요한 건 규칙의 화려함이 아니라 단순함과 지속성이다.

몽크 모드를 실행할 때 가장 중요한 건 환경이다. 그는 케이프타운에서는 몰입이 너무 잘 되고, 런던은 그보다 약간 어렵지만 가능한 수준이라고 말한다. 반면 두바이는 몽크 모드를 하기 가장 어려운 도시라고 했다. 사람들과의 약속이 끊임없고, 미팅과 이벤트가 매일 있기 때문이다. 그래서 그는 몽크 모드를 시작할 때 꼭 '환경부터 골라라'라고 말한다. 이동이 적은 시기, 혼자 있는 시간이 많은 시즌, 약속이 자연스럽게 줄어드는 월. 매년 1~3월에 가장 폭발적으로 몰입할 수 있는 이유도 여기에 있다.

몽크 모드가 바꾸는 건 생산성만이 아니다. '마음[state of mind]'도 바뀐다. 2~3주가 지나면 문득 이런 질문이 떠오른다.

"왜 이렇게 침착하지?"
"왜 이렇게 마음이 고요하지?"
"왜 예전에 나를 뒤흔들던 것들이 이제는 아무런 영향을 못 주지?"

그는 이 상태를 '명료함의 구간'이라고 불렀다.

몽크모드의 실행 방식은 매우 단순하다. 목표를 정하고, 기간을 정하고, 규칙을 정하고, 환경을 정리하고, 주변에게 "당분간 나를 찾지 말라"고 알리고, 21일에서 90일 사이의 몽크모드 사이클을 반복하는 것. 이만 갓지는 말한다.

"몽크 모드는 복잡하지 않아요. 명상 10분, 운동 30분, 술·담배 금지. 이게 전부입니다. 그리고 여기에 여러분만의 규칙을 더하면 됩니다."

그는 수천 명의 사람들이 월 1만 달러를 벌도록 도왔다. 놀라운 건, 그 중 절반은 '단지 술을 끊고, 운동하고, 명상을 하며 머릿속의 소음을 잠재운 것'만으로도 인생이 바뀌었다는 점이다. 알지 못하는 사이 우리는 너무 많은 방해에 둘러싸여 있다. 이만 갓지를 백만장자로 만든 몽크 모드의 본질은 결국 하나로 귀결된다. 목표와 무관한 것들을 내려놓고, 목표를 이루기 위한 환경을 세팅하는 것. 그 단순한 원칙이 인생을 완전히 바꿀 수 있다.

1년 안에 1,400억
: 거대한 꿈을 이루는 비결

"달을 향해 쏴라,
설령 빗나가도 별들 사이에 떨어질 것이다."
노먼 빈센트 필

앤드류 그로브는 어느 주말 한적한 스타벅스 테이블에 앉아 노트를 펼쳐 이렇게 적었다.

"12개월 안에 1억 달러(한화로 약 1,400억 원)를 벌려면 어떻게 해야 하지?"

1시간 동안 '어떻게'라는 질문에 초점을 맞춰 답변을 생각했다.

앤드류 그로브는 이를 '재미있는 활동Fun Exercise'이라고 표현하기도 했다. 그는 3~4번의 세션을 통해 정말로 12개월 안에 1억 달러를 버는 구체적인 계획을 완성했다. 그의 답은 명확했다.

'중고 자동차 사이트들을 인수해 통합한 후 상장하는 것.'

그는 이 계획을 실행에 옮겼고, 아이카 아시아[iCar Asia]는 12개월 만에 기업 가치 1억 달러를 달성하며 상장했다. 이후 앤드류 그로브는 더 미친 목표를 세웠다.

"24개월 내 10억 달러(한화로 약 1조 4천억 원)를 벌려면 어떻게 해야 할까?"

똑같은 방식으로 3~4번의 저널링 세션을 거쳐 아이디어를 구체화했다. 그는 아이플릭스[iFlix]라는 회사를 설립했다. 아시아의 넷플릭스를 꿈꾸며 10억 달러라는 목표에 도전했다. 결과는? 실패했다. 목표했던 10억 달러에는 미치지 못했다. 하지만 24개월 만에 기업 가치 5억 달러를 달성했다. 5억 달러는 한화로 약 7,200억 원이다. 실패라고 했지만, 여전히 엄청난 성과였다.

벤저민 하디는 그의 저서 『10배 마인드셋』에서 목표를 크게 잡는 것에 대한 중요성을 이야기했다.

'2배 성장은 지금 하던 방식을 그대로 반복하는 것이지만 10배 성장은 지금과는 완전히 새로운 방식을 찾게 만듭니다."

작은 목표들을 세우면 그런 목표들밖에 이루지 못하는 기존 방식의 한계에서 벗어나지 못한다. 하지만 상상을 초월하는 목표를 설정하면 기존의 방식으로는 이룰 수 없다. 그렇기에 완전히 다른 관점으로 목표에 접근하게 된다.

우리의 뇌는 우리가 던지는 질문에 답을 찾도록 설계돼 있다. 뇌과학에서는 이를 '망상활성계 RAS[Reticular Activating System]'라고 부른다. RAS는 뇌의 필터 시스템이다. 우리가 하루에 받는 방대한 정보 중에서 '무엇을 중요하게 볼 것인가'를 자동으로 선택해 준다. 임신한 친구가 갑자기 거리에 임산부가 많이 보인다고 느끼는 이유, 새 차를 사고 나니 그 차종이 유독 눈에 띄는 이유가 바로 RAS 때문이다.

그렇기에 저널링을 통해 거대한 목표를 세우면, 뇌는 그 방법을 찾기 시작한다. 평소에는 전혀 보이지 않았던 방법들이 눈에 들어온다. RAS는 거대한 목표를 이루기 위한 정보들을 필터링해서 우리에게 전달한다. 신문의 작은 기사, 우연한 대화, 소셜미디어의 게시물에서조차 실마리를 발견하게 된다.

우리가 알아야 할 핵심은 하나다. 2배 목표나 10배 목표나, 들어가는 에너지의 총량은 사실 비슷하다. 2배 목표는 지금 하는 일을 두 배로 늘리는 것이고, 10배 목표는 '전혀 다른 방식'을 찾게 만든다.

지금 당장 노트를 꺼내 적어보자. 1년 안에 여러분이 생각하는 그 목표의 10배를 이루려면 어떻게 해야 할지 적고 고민해 보자. 처음엔 막막하고 불가능해 보일 것이다. 하지만 그게 바로 여러분의 뇌가 새로운 답을 찾기 시작했다는 신호다. 패트릭 그로브처럼 몇 번의 세션만 거치면, 여러분도 여러분의 거대한 목표를 달성할 수 있는 놀라운 방법들을 발견할 수 있을 것이다.

억만장자들이 사고하는 방식
: 빌리어네어 싱킹 프레임

✲

"보통의 선택을 하면 보통의 인생을 살게 된다.
일론 머스크

<일론 머스크의 1원칙 사고>

일론 머스크는 유튜브 채널 Lex Fridman에 출연해 자신의 유명한 사고법인 '1원칙 사고First Principle Thinking'에 대해 이렇게 설명했다.

"물리학 법칙은 어길 수가 없어요. 그 법칙들은 진짜니까요. 삶과 일에서도 마찬가지예요. '진짜 그런가?'라고 스스로에게 묻는 순간, 진짜 중요한 본질에 다가가게 됩니다. 1원칙 사고를 하게 되면 정말 중요한 본질이 무엇인지 찾을 수 있게 됩니다."

일론 머스크가 말한 1원칙 사고를 하게 되면 다음 세 가지를 할 수 있게 된다.

- 문제의 본질을 정확히 파악할 수 있게 된다.
- 기존의 전제나 관습적인 생각을 의심하고 깨뜨릴 수 있다.

- 문제에 대한 근본적인 해결책을 도출할 수 있다.

특히 대부분의 사람이 '불가능'하거나 '한계'라고 단정 짓는 문제일수록, 이 사고법은 강력한 돌파구가 된다.

그가 말하는 1원칙 사고란 어떤 문제를 기존의 상식이나 관행에 기대지 않고, 가장 근본적인 요소까지 쪼개서 본질을 파악한 뒤, 그 본질로부터 다시 사고하고 해결책을 도출하는 방식이다. 예를 들어 머스크는 로켓이 왜 비싼지 이렇게 질문했다.

"생산량이 적어서 비싼 건가? 아니면 다른 근본 원인이 있는가?"

그는 1원칙 사고를 통해 로켓을 싸게 제조할 수 있었던 이유를 이렇게 설명했다.

"1년에 100만 개를 생산한다고 가정해 봅시다. 그 정도 생산량인데도 비싸다면 문제는 생산량이 아니죠. 설계부터 다시 해야 합니다. 계속 질문을 던지다 보니 알게 됐습니다. 로켓이 비싼 이유는 생산량 때문도, 원재료 때문도 아니었습니다. 원재료 비중은 전체의 몇 퍼센트밖에 안 됐습니다. 문제는 여러 재료를 효율적으로 조합하지 못한 '설계 구조'였던 거죠. 그걸 고치니 제조 비용을 1/10 수준으로 낮출 수 있었습니다."

<제프 베조스의 후회 최소화 프레임워크>

제프 베조스는 30살에 월스트리트의 한 헤지 펀드 회사에서 부사장으로 일하고 있었다. 그러던 어느 날, 그는 인터넷이 폭발적으로 성장하고 있다는 기사를 접했고, 본인의 인생을 건 새로운 도전을 진지하게 고민하기 시작했다. 하지만 이 도전을 위해서는 1년에 연봉 10억을 받는 안정적인 직장을 그만둬야 했다. 누가 보기에도 터무니없는 결정이었다. 주변의 수많은 만류에도 불구하고 그는 어떤 게 옳은 방향인지 깊이 고민했다.

"과연 어떤 선택이 내 인생에서 옳은 방향일까?"

그때 떠올린 것이 바로 '후회 최소화 프레임워크'였다. 후회 최소화 프레임워크란 인생에서 중요한 결정을 내릴 때 미래의 자신, 예를 들어 80세가 된 '나'의 시점에서 지금의 선택을 돌아보는 사고법이다. 이 프레임워크는 지금 내리는 결정이 먼 미래에 후회로 남지 않도록, 특히 시도조차 하지 않은 것에 대한 후회를 최소화하는 데 중점을 둔 기법이다.

그는 상상했다. 80세가 된 자신의 모습을. 그는 안정적인 직장에서 은퇴해 평온한 여생을 보내고 있었다. 어쩌면 병상에 누워 간병을 받고 있을지도 모른다. 어느 쪽이든, 80세의 나이는 인생의 끝자락이었다. 이제 80세의 제프 베조스는 50년 전, 30세의 자신을 떠올린다. 그때 그는 인터넷이라는 거대한 기회 앞에서 고민하고 있었다. 안정적인 직장을 그만두고 새로운 꿈에 도전할 것인가, 아니면 지금의 자리에 머물 것인가. 30세의 제프 베조스는 결국 안정을 택했다. 도전은 두렵고 위험했으며, 편안한 직장에 남는 것이 현명한 선택처럼 보였다. 그리고 다시 80세의 베조스로 돌아온 그는 자신에게 물었다.

'그 선택을 후회하고 있는가?'

답은 명확했다. 그는 깊이 후회하고 있었다. 베조스는 실패로 인한 후회보다, 시도하지 않은 것에 대한 후회가 훨씬 더 크다는 걸 깨달았다. 답은 간단했다. 나이가 든 후 뒤를 돌아봤을 때 후회할 선택이라면, 그것은 옳은 선택이 아니다. 그렇게 그는 안정된 회사를 박차고 나와, 세상을 바꿀 기업 '아마존Amazon'을 창업했다.

<찰리 멍거의 역발상 사고>

찰리 멍거는 버크셔 해서웨이의 전) 부회장이자, 워런 버핏의 평생 사업 파트너였다. 그는 억만장자 투자자로 깊은 존경받았을 뿐만 아니라, 그 유명한 '역발상 사고'로도 널리 알려진 인물이다.

역발상 사고란 '성공 전략'보다 '망하는 방법, 바보 같은 행동'을 먼저 생각하고 그것을 피하는 것에 초점을 두는 사고방식이다. 즉, 어떤 목표를 이루고자 할 때 그 목표의 반대 상황을 상상하며, 실패를 피할 수 있는 길을 먼저 찾는 것이다. 역발상 사고는 목표의 반대에 도달하는 방법부터 고민함으로써 실패를 피하고 더 나은 결정을 내릴 수 있는 생각의 틀을 제공한다.

예를 들어, 건강해지고 싶다는 목표가 있다면 '어떻게 하면 건강을 망칠까?'를 먼저 생각해 보는 것이다. 부자가 되고 싶다면 '어떻게 하면 가난해질 수 있을까?'를 생각해 보면 된다. 이런 사고를 반복하다 보면 하지 않아야 하는 것이 명확해진다. 그리고 '하지 말아야 할 일'을 피하기만 해도 목표에 훨씬 가까워질 수 있다. 성공을 방해하는 원인을 제거하거나 완화하면, 실패 확률은 급격히 낮아진다.

멍거는 문제를 반대로 생각하고, 실패하는 요인을 파악해 그것을 의도적으로 피하는 것이 현명한 의사결정의 핵심이라고 이야기했다.

<리드 호프먼의 불완전 실행의 법칙>

리드 호프먼은 링크드인을 창업한 미국의 억만장자이자, 실리콘밸리를 대표하는 창업가 중 한 사람이다. 그는 자신의 경영 철학으로 '불완전 실행의 법칙'을 자주 강조한다.

"완벽을 기다리다 시장을 놓치지 말고 제품이 불완전하더라도 빠르게 출시해야 합니다."

하지만 현실에서 대부분의 사람들은 하나의 제품이나 서비스를 출시하는 데 몇 달, 혹은 몇 년을 허비하곤 한다. 호프먼은 이런 완벽주의가 혁신의 가장 큰 적이라고 말한다.

호프먼이 강조하는 불완전 실행의 핵심 원칙 3가지는 다음과 같다.

첫 번째, 빠른 실행 Fast Execution

완벽함을 기다리지 말고, 가능한 한 빠른 시간 안에 최소 기능 제품을 내놓아 사용자의 반응을 테스트해 봐야 한다.

두 번째, 빠른 실패 Fast Failure

빠르게 시도하고, 빠르게 실패함으로써 무엇이 잘못됐는지를 빠르게 학습할 수 있다. 이 과정에서 얻은 데이터는 더 나은 의사결정을 만들어준다.

세 번째, 반복적 개선Iterative Improvement

한 번의 실행으로 끝나는 것이 아니라 사용자의 피드백과 시장의 변화를 반영하여 지속적으로 개선하는 것. 끊임없이 다듬는 과정에서 제품은 점점 완성에 가까워진다.

호프먼은 완벽한 제품을 만들기 위해 너무 오랜 시간을 지체하는 것보다 일단 빨리 움직여 시장과 사용자 반응을 통해 학습하는 것이 성공 확률을 압도적으로 높인다고 말했다. 그리고 한마디를 덧붙였다.

"부끄럽지 않다면 너무 늦게 출시한 겁니다."

<스티브 잡스 '모든 점은 이어진다Connecting the dot'>

스티브 잡스는 2005년 스탠퍼드 대학교 졸업 연사로 섰다. 이 연설은 조회 수 4,700만 회를 넘긴 전설적인 졸업식 연설로 회자된다. 이 연설에서 잡스는 인생의 중요한 통찰을 담은 개념인 '점을 잇는 것Connecting the dot'에 대해 이야기했다. 인생에서 각기 따로 떨어져 있는 경험(점dot)은 당시에는 무의미해 보이지만, 시간이 지나 뒤돌아보면 서로 연결되어 의미 있는 결과를 만들어낸다는 개념이었다. 잡스는 "앞을 보며 점을 잇는 것은 불가능하지만, 뒤돌아봤을 때 점들은 언제나 연결되어 있다"라고 말했다.

예를 들어, 잡스는 리드대학교Lead College에 다닐 당시 1학년 때 자퇴하기 전 캘리그라피 서체 수업을 들었는데 그 당시에는 몰랐지만, 이때 배운 캘리그라피 수업이 Mac의 아름다운 폰트 디자인을 만드는 데 결정적인 역할을 했다고 회상했다.

또한, 자신이 직접 세운 회사인 애플에서 해고된 후 설립한 NEXT와 픽사에서 얻은 경험 역시 훗날 큰 자산이 되었다. 이 경험을 통해 배운 기술과 창의적 사고는 그가 애플로 복귀했을 때 아이폰과 아이맥과 같은 혁신적인 제품을 만드는 데 직접적인 기반이 되었다.

잡스는 현재의 순간들이 미래의 어느 시점에 어떻게든 연결되어 있을 것이라는 믿음을 가져야 한다고 말했다. 지금 경험하는 의미 없어 보이는 일들이 훗날 시간이 지나고 뒤돌아봤을 때 현재 본인의 목표를 이루는 데 가장 크게 도움이 되는 일이 될 수도 있으니 말이다. 그는 현재 불확실하거나 혼란스러운 순간도 언젠가는 큰 그림의 중요한 일부가 될 것이라는 믿음을 가지고 두려움 없이 나아가야 한다고 강조했다.

지금 당장은 의미 없어 보이는 경험들도, 시간이 지나 뒤돌아보면 자신의 꿈을 이루는 데 가장 중요한 '점'이 되어 있을 수 있다. 그러니 불확실함과 혼란 속에서도 믿음을 가지고 나아가야 한다.

억만장자들의 사고방식은 특별하지 않다. 천재성과도 무관하다. 그들은 단지 다른 방식으로 생각했을 뿐이다.

본질을 본다. (Elon Musk, 일론 머스크)
후회를 기준으로 결정한다. (Jeff Bezos, 제프 베조스)
실패 요인을 먼저 제거한다. (Charlie Munger, 찰리 멍거)
빠르게 실행한다. (Reid Hoffman, 리드 호프먼)
점들을 잇는다. (Steve Jobs, 스티브 잡스)

성공을 가르는 건 능력이 아니라 사고의 구조다. 같은 문제도 어떤 관점으로 바라보느냐에 따라 결과는 완전히 달라진다. 좋은 소식이 있다. 이 사고 프레임들은 모두 훈련이 가능하다는 것이다. 그들이 가진 사고 프레임 중 나에게 필요한 것을 선택해 삶에 적용해 보자. 타고난 능력은 바꿀 수 없지만, 사고방식은 바꿀 수 있다.

막노동을 하던 청년에서 세계적인 파이터까지

"당신의 꿈은 두려움 그 너머에 있다."

윌 스미스

25살의 청년은 어찌 보면 위험할 수도 있는 여정을 떠나기로 결심했다. 가난한 집안에서 태어난 그는 늘 꿈이 있었다. 바로 세계적인 복싱 선수가 되는 것. 하지만 현실은 녹록지 않았다.

카메룬의 작은 마을 바티에batie에서 태어난 그는 집안이 너무 어려워 10세 때부터 하루 1.5파운드(한화로 약 2,900원)를 벌기 위해 모래 채굴장에서 일해야 했다. 채굴장에서의 일은 고됐다. 특히나 혈기 왕성한 10대에게 채굴장에서의 고된 노동은 더 나은 미래를 꿈꾸게 했다.

소년에게는 존경하는 영웅이 있었다. 바로 헤비급 복싱 챔피언 '마이크 타이슨'. 소년은 그가 있는 미국이라는 나라가 궁금했다. 나중에는 큰 무대로 가 마이크 타이슨과 같은 복싱 챔피언이 되는 것을 꿈꿨다. 모래 채굴장에서 10세 때부터 중노동을 해오던 25살의 청년은 인생의 갈림길에 서 있었다.

'모래 채굴장에서의 삶에 안주할 것인가, 아니면 꿈을 위해 모든 것을 걸 것인가.'

꿈을 말할 때마다 반짝이는 그의 눈을 보며 가족들은 비웃었다.

"무슨 챔피언? 나가서 일이나 해."

하지만 청년에게서 그 꿈은 절대 사라지지 않았다.

청년은 자신의 꿈을 이루기 위해 기나긴 여정을 떠나기로 결심한다. 카메룬에서 모나코까지의 3,000마일(4,828km)에 달하는 엄청난 여정. 유럽으로 건너가 본격적으로 훈련받는 것이 목적이었다. 이 여정에서 그는 히치하이킹을 하고, 숲과 산을 넘고 사하라 사막을 건넜다. 트럭 짐칸에 25명과 함께 실려 이동했고, 노숙하며 쓰레기통에서 음식을 찾기 위해 쥐와 경쟁해야 했다. 모나코에 도착해서도 그는 계속 경찰의 단속을 피해 숨어 다녔다.

그의 목표는 모나코에서 파리로 가는 것이었다. 그는 수영도 할 줄 몰랐지만, 지중해를 건너기 위해 작은 고무보트를 탔다. 모나코 해안경비대에 세 번이나 붙잡혀 사하라 사막으로 다시 돌려보내졌지만, 그는 포기하지 않았다. 결국 여권을 마련해 세네갈 국적으로 위장한 후 7번째 시도 만에 마침내 지브롤터 해협을 건너는 데 성공한다. 그러나 목적지에 도착하기 직전 적십자에 구조되어 스페인 이민 구금 시설에서 2개월을 보내야 했다. 고향을 떠난 지 이미 1년 반이 지나 있었다. 그 긴 시간 동안에도 그는 단 한 번도 꿈을 포기하지 않았다.

그는 18개월간의 여정 끝에 마침내 프랑스 파리에 도착했다. 하지만 그곳에는 친구도 돈도 머무를 곳도 없었다. 그는 1년 가까이 노숙을 하며 여러 체육관을 전전했고, 관장들에게 훈련을 시켜달라고 간절히 부탁했다. 간절함이 통한 걸까. 한 체육관에서 그에게 무료 훈련 기회를 줬다.

그는 복싱 훈련을 받길 원했지만 체육관 트레이너 디디에 카르몽은 그에게 MMA를 추천했다. 청년은 거의 평생을 모래 채굴장에서 일했다. 청년의 근육과 뼈대는 중노동으로 단련돼 있었고, 이런 토대는 강력한 타격 스타일의 MMA에 더 적합했다. 대부분 스포츠는 어린 시절부터 시작해야 성공할 가능성이 높다고 알려져 있다. 하지만 그는 남들보다 훨씬 늦은 27살이라는 나이에 본격적으로 MMA를 시작했다. 그에게는 누구도 따라갈 수 없는 무기가 있었다. 바로 '간절함'이었다. 그는 꿈을 이루기 위해 모든 것을 걸고 국경을 넘었고, 굶고, 노숙하고, 절망적인 순간마다 자신을 다시 일으켰다. 청년은 그토록 원하던 꿈을 이뤘을까?

2015년 UFC 데뷔전에서 2라운드 KO승을 거두며 본격적으로 커리어를 시작한 그는 2021년까지 UFC에서 전적 16전 13승 3패로 헤비급 챔피언이 되기 위한 초석을 쌓아나갔다. 2021년 3월에는 당시 헤비급 챔피언이었던 미오치치를 2라운드 KO로 꺾고 마침내 UFC 헤비급 챔피언에 올랐다.

그의 이름은 프란시스 은가누. 당시 세계 최강의 파이터로 불리며 영장류 최강이라는 별명을 보유하고 있다. 그의 펀치는 최고 속도로 달리는 포드 에스코트 차량의 충격에 맞먹는다고 한다. 현재 그의 자산은 약 3,500만 달러(한화로 약 515억 원)로 알려져 있다.

타이틀전 승리 후 그는 지난날을 떠올리며 이렇게 말했다.

"세상과의 싸움이 바로 오늘의 저를 만들었습니다. 저는 제대로 된 어린 시절을 보낼 기회조차 없었습니다. 저와 같은 상황에 있는 사람들에게 해주고 싶은 말이 있다면, 계속 나아가라는 겁니다. 자신을 믿으세요. 인생이 공평하지 않을 수 있지만, 그것은 여러분의 잘못이 아닙니다. 멈추지 말고, 최선을 다하세요. 우리가 스스로에게 요구할 수 있는 건 그게 전부니까요."

우리에게는 꿈이 있다. 아니, 있었다. 모두가 그런 꿈을 가지고 있던 시기가 있지 않았던가. 하지만 수많은 장벽과 제약 속에서 그 꿈은 사라져 버렸다. 은가누처럼 위대한 챔피언이 되고자 하는 거창한 목표가 아니었을지라도 우리는 반짝이는 꿈을 꾸는 존재였다. 25살의 은가누는 꿈을 이루고자 하는 선택과 현실에 머무르자는 선택지 속에서 자신의 꿈을 선택했다. 상상해 보라. 꿈을 위해 3,000마일이나 떨어져 있는 모나코로 여정을 떠나는 그의 모습을.

그도 두려웠을까? 당연히 두려웠을 것이다. 하지만 그것은 중요하지 않았다. 그는 꿈을 선택했고, 다가올 어려움들을 담대하게 받아들이기로 결정했다. 그 선택은 은가누의 인생을 바꿨다. 환경보다, 출신보다, 운보다 중요한 건 '결단의 힘'이다. 두려움에도 불구하고 꿈을 위해 내 모든 것을 걸겠다는 그런 결단. 그런 결단을 했다면 뒤돌아보지 말고 앞으로 나아가자. 여러분이 어떤 현실에 처해 있든 꿈을 포기하지 말고 은가누가 그랬던 것처럼 앞으로 계속 정진했으면 좋겠다.

인생을 폭발적으로 성장시키는 '레벨업 전략'

*

"우리는 달에 가기로 결정했다.
쉬워서가 아니라, 어려운 일이기 때문이다."
존 F. 케네디

모든 분야에는 레벨이 있다. 예술가로서도, 강연가로서도, 운동선수로서도, 기업가로서도, 작가로서도, 한 인간으로서도 레벨이 존재한다. 우리가 성과를 내지 못하는 이유는 우리의 레벨이 아직 낮기 때문이다. 이를 게임에 비유해 보자.

우리가 해결해야 할 '문제'를 '몬스터'라고 생각해 보자. 문제를 해결하지 못하는 이유는 내 레벨이 낮기 때문이다. 인생은 문제의 연속이다. 문제가 생기면 해결하고, 또 다른 문제가 생기면 다시 해결하는 과정이 무한 반복되는 것이 인생이라는 게임이다. 이는 우리가 죽을 때까지 변하지 않는다. '문제'는 가능한 모든 형태로 우리가 죽을 때까지 우리의 앞에 나타나기 때문이다.

수십·수백만 년 전 우리의 선조는 야생 동물에게 죽지 않기 위해, 혹한을 견디기 위해, 굶어 죽지 않기 위해 매일 닥친 문제를 해결해야 했다. 현대는 환경만 달라졌을 뿐 본질은 같다. 직장을 구하려면 이력서를 쓰고 인터뷰를 준비해야 한다. 장사를 한다면 메뉴 개발, 재료 조달, 마케팅 방식 등 수많은 문제를 해결해야 한다. 몸이 아프면 어떻게 관리할지, 무엇을 먹고 어떻게 운동할지에 대한 문제를 해결해야 한다.

우리는 매일매일 문제에 직면한다. 문제는 크고 작은 형태로 우리의 앞에 나타난다. 그런데 생각해 볼 것이 하나 있다. 어떤 사람에게는 큰 문제인데, 어떤 사람에게는 아무 문제도 아닌 경우가 있다. 그 이유가 무엇일까?

같은 문제라도 어떤 이들에게는 하찮게 느껴지는 이유는 그들의 레벨이 높기 때문이다. 레벨 3에게 레벨 1의 문제는 문제조차 아니다. 이미 수없이 해결해 봤기 때문이다. 하지만 레벨 1에게 레벨 2의 문제는 너무 크다. 자신의 레벨보다 높기 때문이다. 그래서 인생은 정말 게임과 닮았다. 레벨업을 많이 한 사람이 결국 승리한다. 레벨업을 빠르게 하는 방법은 다양한 문제를 많이 접하고 점점 어려운 문제를 해결해 보는 것이다. 게임에서 보스 몬스터를 잡을수록 더 많은 경험치를 얻는 것과 같다.

위대한 성공을 이룬 사람들의 공통점이 바로 이것이다. 그들은 혹독한 시련을 겪었다. '유재석'처럼 성공까지 10년의 무명 생활을 버틴 사람도 있고, '에이브러햄 링컨'처럼 부모와 아내를 모두 잃고 우울증과 자기 회의 속에서 스스로 생을 마감하려 했던 이도 있고, '넬슨 만델라'처럼 27년간 감옥에 갇혔다가 결국 대통령이 된 사람도 있었으며, '스티븐 호킹'처럼 파킨슨병으로 걷지도, 말하지도 못하는 상태에서도 세계적인 베스트셀러를 쓰고 우주의 신비를 밝힌 과학자도 있었다.

맹자BC372~BC289는 인간이 겪는 시련은 그가 장차 큰일을 맡기 위해 하늘이 도모하는 것이라 말했다.

"하늘이 장차 이 사람에게 큰일을 맡기려 하면 반드시 먼저 그가 마음의 뜻을 세우기까지 괴로움을 주고 그 육식을 피곤케 하며 그 몸을 굶주리게 하고 그 몸을 궁핍하게 한다. 그가 하려는 바를 힘들게 하고 어지럽게 하는 것은 마음을 쓰는 중에도 흔들리지 않을 참된 성품을 기르고, 불가능하다던 일도 능히 해낼 수 있도록 키우기 위함이다."

그러니 나에게 닥친 문제들에 힘에 부친다고 느낄 때 이렇게 생각해보자.

"어쩌면 지금 나는 레벨업을 하고 있는지도 몰라. 이런 문제를 많이 겪을수록 나는 더 강해지고 단단해질 거야. 나중엔 이 문제들도 하찮게 느껴질지 몰라. 지금 힘든 이유는 아직 나의 레벨이 낮기 때문이야."

해결 방법은 간단하다. 내가 성장하면 된다. 계속 레벨업을 하면 된다. 힘든 일을 겪고 큰 시련을 겪을수록 더 빠르게 레벨업을 할 수 있다. 그러니 내가 겪는 문제들은 문제가 아니라 나를 성장시켜 주는 좋은 수단이다.

니체도 말했다.

"나를 죽이지 못하는 고통은 나를 더 강하게 만든다."

성공하는 사람들은 문제를 피하지 않는다. 문제를 경험치로 보고, 시련을 레벨업 기회로 받아들인다. 인생의 속도는 재능이 아니라 '해결한 문제의 총량'이 만든다. 지금 당신 앞의 문제는 장애물이 아니라 당신을 성장시켜주는 수단이다.

성공과 운의 상관관계 : 확률의 비밀

"성공은 운이 아니라
계획과 끊임없는 실행의 결과다."
잭 도시

성공한 백만장자들과 억만장자들에게 어떻게 성공할 수 있었냐고 물으면 '운의 덕택'에 성공했다고 이야기한다. 김승호 회장은 한국 사장 학교 강의에서 한 청중이 사업에서의 성공이 운과 노력 두 가지 중 어떤 것이 더 많은 비중을 차지하는지 묻는 질문에 이렇게 답했다.

"내가 열심히 노력한다고 모두가 초대형 사업가(1,000억 원에서 1조 원대의 자산을 이루는 사업가)가 되는 건 아니에요. 노력을 하는 사람 중에서도 소수만이 그 길로 가요. 그건 시대의 운에 따르는 거예요."

미국의 질병통제예방센터[CDC]에 의하면 일반적인 사람이 벼락에 맞을 확률은 100만 분의 1이라고 한다. 즉 미국에서는 매년 백만 명 중 1명이 벼락에 맞는다(비행기 사고로 사망할 확률은 1,400만분의 1이다).

로또에 당첨될 확률은 어떤가? 약 815만 분의 1이다. 벼락 맞을 확률보다 약 8배나 낮다. 전 세계에서 백만장자의 숫자는 어떤가? 자산 10억 원 이상을 가진 사람은 전 세계를 기준으로 봤을 때 약 0.7%밖에 되지 않는다.

창업에 대해서도 이야기 해보자. 창업 후 10년 이상 살아남는 기업의 비율은 약 20%다. 즉, 10개 기업 중 8개는 10년 이내 사라진다. 이렇듯 운은 우리의 인생에서 피할 수 없는 요소다. 무슨 일을 하든 성공할 확률과 실패할 확률은 50:50으로 함께 공존한다. 우리가 생각해야 하는 것은 어떻게 해야 성공할 확률을 높일 수 있는가이다.

여기에 중요한 성공 방정식이 있다.

성공=(노력x운)x횟수

노력에는 환경 통제, 목표에 쏟아붓는 시간, 지식 습득 등 다양한 것들이 포함된다. 성공을 위해 하는 모든 행동을 노력이라고 봐도 좋다. 운은 통제 가능한 범위 밖에 있다. 예를 들어 코로나가 터졌을 때 마스크와 손소독제를 판 사람은 크게 성공했을 것이다. 하지만 이들이 코로나가 터질 것을 예측했을까? 아니다. 단지 운이 좋았을 가능성이 크다.

이제 방정식의 마지막에 흥미로운 숫자가 나온다. 바로 '시도 횟수'다. 시도 횟수는 성공을 위해 몇 번이나 시도했는지를 의미한다. 운은 우리가 통제할 수 없지만 시도 횟수는 우리가 통제할 수 있다. 이해하기 쉽게 한 가지 가정을 해보자.

당신은 제품을 파는 온라인 사업을 시작했다. 좋은 물건을 열심히 조사하고 제조업체에 연락도 했다. 물건을 팔기 위해 네이버 스마트 스토어도 개설했고, SNS 마케팅도 시작했다. 당신은 아침에 일어나 새벽까지 매일 열심히 일했다. 하지만 당신의 물건은 단 한 개도 팔리지 않았다. 제조업체에 정산할 대금이 밀려 당신의 사업은 망하고 만다. 당신은 온라인 사업은 어렵다고 생각한다. 어쩌면 시기가 좋지 않았다고 생각할지 모른다. 대부분의 사람들이 이런 과정을 겪는다. 당신은 충분히 노력했기에 노력이 문제는 아니었다. 그렇다면 단지 운이 좋지 않았던 것일까?

사실, 운이 문제가 아니었다. 운은 횟수를 높이는 사람에게 돌아온다. 다시 반복해서 말하면, 운은 횟수를 높이는 사람에게 돌아온다.

10개의 창업을 하면 8개는 10년 이내에 사라진다. 즉, 10번의 시도를 하면 8번은 망하는 것이다. 이를 확률로 표기하면 실패할 확률은 80%다. 여기에 숫자의 마법이 있다. 1번 시도했을 때의 실패 확률은 80%이지만 10번 시도한다면? 실패 확률이 똑같이 80%더라도 2번은 성공할 것이다(2/10). 그럼 이제 횟수를 높여보자. 만약 100번 시도한다면 어떨까? 실패 확률이 80%여도 20번은 성공할 것이다(20/100). 즉, 같은 노력을 유지한 채로(운도 비슷하다는 가정하에) 횟수를 높이면 성공 확률은 기하급수적으로 올라간다.

여기에 한 가지 더 좋은 소식이 있다. 시도 횟수를 계속 늘린다면 노력과 운도 같이 올라간다. 그 이유는 노력=능력이기 때문이다. 어떤 사람은 적은 노력을 하고도 더 많은 성취를 한다. 그건 학창 시절만 봐도 알 수 있다. 적은 노력을 하고도 상위권 성적을 유지하는 이들이 있지 않았던가(즉, 능력이 적으면 더 많은 노력을 해야 한다).

시도 횟수를 늘리면 노력은 중첩되고, 이는 자연스럽게 경험치로 연결된다. 어떤 일을 수십, 수백 번 반복하면 원하든 원하지 않던 기술과 역량이 쌓인다. 기술과 역량이 쌓이면 당연히 같은 시도를 해도 성공할 확률이 높아진다. 그래서 가장 빠르게 성공하는 방법은 가장 많은 실패를 하는 것이다.

여기에 더해 시도 횟수를 늘려야 하는 이유는 '타이밍'과도 큰 연관이 있다. 시대를 잘 만났거나 트렌드를 잘 타는 것도 이와 같다. 샤오미 창업가 레이쥔은 "돼지도 태풍을 만나면 하늘을 날 수 있다"라고 이야기했다. 이는 어떤 사업 아이디어도 시대의 때와 트렌드에 맞으면 대박이 날 수 있다는 의미와 같다. 횟수를 높인다는 것은 이런 '때'가 나에게 올 때까지 계속 배트로 스윙을 하는 것과 같다.

스윙을 하다 보면 언젠가는 치기 좋은 공이 오기 마련이다. 스윙을 멈추지만 않으면 된다. '홈런'이라는 운은 결국에 계속 휘두르는 자에게 찾아온다.

나폴레온 힐의 도서 『생각하라 그리고 부자가 되리라』에서는 이와 관련된 재미있는 일화가 나온다.

광부 A는 금을 찾기 위해 막대한 돈을 투자했다. 금을 캐려 땅을 팠지만 끝내 나오지 않았다. 광부는 포기하고 모든 장비를 팔았다. 또 다른 광부 B가 그 금맥을 다시 조사했고 광부 A가 포기한 지점에서 2피트(60cm) 떨어진 지점에서 막대한 금맥이 있다는 것을 발견했다. 광부 B는 남은 2피트를 파 금맥을 찾았고 부자가 됐다.

이 이야기의 교훈은 많은 사람들이 거의 다 온 지점에서 멈추거나 포기했기 때문에 기회를 놓친다는 것이다. 기회는 늘 조금만 더 가면 되는 지점에 숨어 있다.

그렇기에 성공 방정식을 요약하면 다음과 같다.

계속 시도하는 것. 횟수를 늘리는 것.
실패할 때마다 새로운 가르침을 얻고 다시 시도하는 것.
누구보다 빠르게, 누구보다 많이.

언제까지? 될 때까지.

수표에 적은 금액을 현실로 만든 영화배우

"우리는 결국 하루 종일 생각한 존재가 된다."
랠프 왈도 에머슨

한 청년이 LA 시가지가 한눈에 보이는 멀홀랜드 드라이브의 갓길에 차를 세웠다. 청년은 영화배우가 되겠다는 꿈 하나만 가지고 캐나다에서 할리우드로 넘어왔다. 빈털터리였던 그는 월세조차 감당할 수 없어서 폐차장에 버려진 차에서 잠을 자며 생활했다. 맥도날드 햄버거 하나를 세 토막 내 아침, 점심, 저녁으로 나누어 먹을 정도로 궁핍했다.

그는 매일 같이 영화 제작사를 찾아다니며 배역을 따내려 노력했지만, 작은 단역조차 따낼 수 없었다. 아무도 그를 쓰려고 하지 않았기 때문이다. 그럼에도 그는 희망을 잃지 않았다. 청년은 본인 앞으로 1,000만 달러(한화로 약 147억 원)짜리 수표를 썼다. 기간은 4년 뒤 1995년으로 적었다. 당연히 수표는 가짜였지만 청년은 이 수표를 항상 지갑 안에 넣고 다녔다.

멀홀랜드 드라이브 언덕 위에서 드넓은 LA 시내를 바라보며 그는 외쳤다.

“나는 유명하다! 나는 세계적인 영화배우다! 나는 모든 감독이 찾는 배우다!”

그는 이미 그렇게 된 자신의 모습을 생생하게 상상했다. 꿈은 이미 이루어졌지만, 아직 실현되지 않았다고 믿었다.

청년은 수많은 단역을 거치며 차근차근 올라갔다. 그리고 마침내 영화 〈마스크〉, 〈에이스 벤츄라〉로 스타덤에 올랐다. 정확히 수표에 적힌 날짜였던 1995년, 영화 〈배트맨 포에버〉의 리들러 역할로 그는 정말로 1,000만 달러의 출연료를 받게 된다. 청년의 이름은 세계적인 할리우드 배우, 짐 캐리였다.

여러분은 얼마나 자주 자신의 꿈을 상상하는가? 성공한 사람들의 인터뷰에서 자주 등장하는 단어가 있다. 바로 ‘심상화visualization’다. 심상화란 자신이 꿈을 이룬 순간의 느낌과 장면을 실제처럼 생생하게 그려보는 것이다. 짐 캐리는 멀홀랜드 언덕에 서서 아직 일어나지 않은 일을 생생하게 느끼고 상상했다. 이미 마음속으로 1,000만 달러 출연료를 받는 배우였고, 그렇게 행동했다.

UFC 선수 코너 맥그리거 또한 자신이 성공할 수 있었던 이유에 대해 이렇게 말했다.

"나는 항상 내가 원하는 것을 가졌을 때의 기분, 주변 사람들의 반응, 그리고 미래를 구체적으로 상상한다."

그는 큰 무대에서 승리하는 장면, 챔피언 벨트를 두르는 모습, 관중의 환호 등을 구체적으로 심상화하는 습관을 강조하며, 이런 심상화에 감정과 신념 그리고 실제 행동을 반드시 결합해야 한다고 말했다.

오프라 윈프리는 자신의 성공에 '끌어당김의 법칙'과 시각화의 힘이 결정적이었다고 말한다. 그녀는 인생 목표와 장면을 구체적으로 시각화한 것이 실제 목표 달성에 큰 도움이 됐다고 말했다. 레이디 가가도 무명 시절 매일 확언과 시각화를 반복하더 "나는 최고의 팝스타가 될 것이다"라고 스스로에게 말했고, 그 믿음은 결국 현실이 되었다.

아널드 슈워제네거 역시 심상화로 꿈을 현실로 만든 대표적인 인물이다. 보디빌더 시절부터 배우, 그리고 정치인이 된 이후까지 그는 매일같이 본인이 꿈꾸는 '미래의 자신'을 상상했다.

마이클 펠프스는 매일 아침과 밤마다 자신이 완벽하게 수영하는 모습을 상상했다. 경기장의 온도, 물살 소리, 손이 물을 가르는 감각까지 세밀한 부분까지 생생하게 그렸으며, 이런 심상화가 성과의 핵심 비결 중 하나라고 말했다.

론다 번의 세계적인 베스트셀러 『시크릿』에서는 살아가면서 우리가 소망하는 것을 생생하게 생각하면 그것이 현실이 된다고 말한다. 위대한 성공을 이룬 이들의 공통점은 '환경'이 아니었다. 돈이 없어 노숙을 하던 짐 캐리도 본인이 처해있던 '환경'에 상관없이 생생하게 본인이 그리는 미래를 상상했다.

체육관에 갈 차비가 없어 여자친구의 차를 얻어 타 운동을 하며 격투가의 꿈을 키우던 맥그리거도 '환경'에 상관없이 생생하게 본인이 꿈꾸던 미래를 상상했다. 미국인도 아니었고 오스트리아 태생이어서 강한 억양을 가지고 있던 아널드 슈워제네거는 주변의 부정적인 반응에도 불구하고 배우가 된 자신의 모습을 생생하게 상상했다.

위에 성공한 사람들은 놀랍도록 공통된 습관을 가지고 있었다.

'어떤 환경에 처해있든 본인이 꿈꾸는 미래를 생생하게 상상한 것.'

환경은 핑계가 될 수 없다. 지금 여러분이 어디에 있든, 무엇을 가졌든 상관없다. 매일 여러분이 원하는 미래를 생생하게 상상하라. 그럼 그것이 여러분의 현실이 될 것이다.

구독자 2,000명에서 세계 1위가 된 유튜버

"성공한 사람은 그 자리에 도달하기 오래전부터 거기에 이미 마음속으로 서 있었다."

조지 버나드 쇼

한 소년이 열심히 게임을 하고 있다. 앳된 얼굴의 소년은 슈팅 게임을 하며 화면을 녹화하고 있었다. 모니터 위에는 카메라가 설치돼 있었다. 소년의 꿈은 유튜브로 밥벌이를 하는 것이었다. 이때만 해도 '유튜버'라는 직업은 존재감조차 미미했고, 유튜브로 성공한 사람도 거의 없었다. 공부에는 재능도 소질도 관심도 없었지만, 유튜브 이야기를 꺼낼 때면 눈빛은 누구보다도 진지했다. 소년은 돈을 많이 벌지 못해도 상관없었다. 그는 그저 이 일을 사랑했다.

2011년, 12살의 나이로 시작한 그의 영상은 화질도 좋지 않았고 내용도 재미가 없었다. 시청자들은 '별르다', '지루하다'라는 댓글을 달았다. 무엇보다 그는 유튜브에 재능이 없었다. 그러나 소년은 영상을 만드는 일 자체가 너무 좋았다. 그는 언젠가는 최고의 유튜버가 되겠다고 다짐

했다.

하지만 현실은 여전히 쉽지 않았다. 유튜브를 시작한 지 3년이 되던 해인 2014년, 소년은 마침내 구독자 1,000명을 돌파했다. 그리고 그 두 배인 2,000명을 만드는 데 다시 1년이 걸렸다. 그리고 그는 카메라를 켜고 감사 인사를 전했다.

"저를 구독해 주신 2,000명의 구독자분들, 정말 감사드립니다. 어떤 유튜버에겐 하루에도 얻는 숫자일 수 있지만, 저는 여기까지 오는 데 4년이 걸렸네요. 이 비디오는 저의 작은 마일스톤으로 남겨두려 합니다. 저를 팔로우해 주신 2,000명 구독자 여러분께 다시 한번 진심으로 감사드립니다. 여러분이 없었다면 저는 이 자리까지 오지 못했을 거예요."

당시에도 하루 만에 몇천 명의 팔로워를 얻는 유튜버들은 많았다. 그는 4년 동안 2,000명. 냉정하게 말하면, 소년은 유튜브에 재능이 없었다. 그는 이 시기를 이렇게 회상했다.

"이때의 영상들은 지금 봐도 최악이죠. 제 초기 영상들은 정말 별로였습니다. 매일 밤, 잠들기 전에 생각했어요. 너무 힘들다고, 성과는 없고, 해야 할 건 많고…. 하지만 포기하지 않으면 결국 잘될 거라고 믿었습니다. 언젠가는 크게 성공할 거라고요."

소년은 인내했고 용기를 잃지 않았다. 그는 대학교에 진학했지만 2주 만에 자퇴했다. 정해진 스케줄과 커리큘럼에 본인을 맞추는 일은 그에게 감당하기 힘든 일이었다. 미래는 불확실했지만, 유튜브에 모든 시간과 에너지를 바치겠다는 확신만은 분명했다. 그는 집에서 나와 유튜브로 조금씩 벌어 모아놨던 돈으로 자취할 방을 구했고, 그때부터 유튜브 활동에 올인하기 시작했다. 이때 그는 '유튜브에 미친 사람들의 모임lunatic group'을 꾸렸다. 유튜브에 미친 사람들끼리 모여 아침부터 밤까지 토론하고, 영상을 만들고, 데이터를 분석했다. 한 팟캐스트에서 그는 당시 상황을 이렇게 설명했다.

"저희는 정말 매일 토론하고 연구했어요. 어떤 영상이 바이럴이 되는지, 조회 수와 썸네일의 상관관계는 무엇인지, 영상과 썸네일의 밝기가 어떤 상관관계가 있는지 등. 초집중hyper focus해서 모든 것을 분석했죠. 아침 9시부터 영상통화를 시작해 저녁 10시까지 토론하고 공부하는 일상을 반복했습니다. 그리고 그때 당시 그룹에 있던 유튜버들은 지금은 모두 수백만 팔로워를 달성한 대형 유튜버들이 되었습니다."

소년은 광고주에게 받은 돈을 노숙자들에게 나눠주는 콘텐츠를 찍었고, 1부터 10만까지 세는 영상을 찍는 등 기발한 콘텐츠를 통해 팔로워들을 기하급수적으로 늘리기 시작했다. 특히 어려운 이들에게 거액을 나눠주는 영상은 대박이 났고, 이후 수많은 기업이 그에게 광고를 의뢰했다.

- 2017년에 100만 구독자 돌파
- 2018년에 300만 구독자 돌파
- 2019년 1,500만 구독자 돌파
- 2024년 3억 3천만 구독자 돌파

- 2025년 11월 기준 4억 5천만의 구독자를 보유한 전 세계 1위 유튜버 가 됐다.

그의 이름은 지미 도널드슨. 유튜브 닉네임 '미스터 비스트Mr. Beast'다

여러분은 아무런 성과가 나지 않을 때도 미래에 대한 믿음을 유지할 수 있는가? 대부분의 사람은 적은 노력으로 빠른 성공을 원한다. 한두 달 해보고 성과가 없으면 쉽게 포기한다. 몇 년씩 성과 없이 시간을 바친다는 것은 때로는 무모해 보인다.

주변 사람들은 여러분에게 이렇게 말할지도 모른다.

"아니, 아직도 그거 하고 있어? 그거 안 된다니까."

우리를 끌어내리려는 수많은 목소리는 우리에게 용기가 아닌 포기를 강요케 한다. 불확실성을 뚫고 나아가는 데에는 평소와는 다른 용기가 필요하다. 용기를 넘어서 무언가를 이뤄낼 수 있다는 확신도 필요하다. 미스터 비스트가 4년 동안 구독자 2,000명을 모으고 나서도 포기하지 않았던 이유는 용기와 확신이 있었기 때문이다.

재능은 타고나는 것이 아니라 갈고닦는 것이다. 여러분에게 재능이 없다는 생각이 든다면 미스터 비스트의 초창기 영상을 봐보자. 미스터 비스트도 처음에는 유튜브에 재능이 없었다. 영상의 퀄리티는 엉망이고 심지어는 재미도 없었다. 하지만 그는 유튜브에 자신의 모든 시간과 에너지를 쏟아부었다. 4년의 세월 동안 구독자 2,000명을 모았을 정도로 성과는 느리고 더뎠다. 그의 성장은 마치 '모소 대나무'와 같았다. 모소

대나무는 4년 동안 3cm가량밖에 자라지 않는다고 한다. 하지만 5년이 되는 해부터는 하루에 35cm에서 60cm까지도 자라며, 6주 동안 15m가 넘게 자란다. 미스터 비스트의 유튜브도 5년이 되던 해부터 폭발적으로 성장했다. 대나무와 마찬가지로 그에게는 뿌리를 내리는 시간이 필요했던 것이다.

재능보다 중요한 것은 '꾸준함'이다.

여러분은 한 가지 일에 몰두하고 집요하게 파고들 용기가 있는가? 아무 성과가 없어도 계속 이어갈 자신이 있는가? 현실이 암담해도 꿈을 포기하지 않을 자신이 있는가? 그 용기와 집요함이 있다면 미스터 비스트의 대답은 분명하다.

"포기하지 않는 사람에게 결국 기회는 온다."

당신도 모소 대나무다. 지금은 보이지 않지만, 당신이 버티고 쌓아온 모든 시간이 뿌리를 내려 곧 폭발적인 성장으로 이어질 것이다.

〈미스터 비스트 초창기 영상〉

실패한 인생에서 세계 최고의 자동차 세일즈맨이 된 남자

"당신이 원하는 것을 얻는 가장 좋은 방법은, 먼저 다른 사람이 원하는 것을 얻게 돕는 것이다."
지그 지글러

조 지라드는 35세까지 실패한 인생을 살았다. 고등학교를 중퇴했고, 변변한 기술도 자본도 없던 그는 생활고에 시달리며 구두닦이, 신문 배달, 식당 설거지, 난로 조립공 등 40여 가지의 허드렛일을 하며 생계를 이어갔다. 조금 더 좋은 조건의 직장을 구하고 싶었지만, 고등학교 중퇴라는 타이틀 때문에 그가 구할 수 있는 유일한 직장은 몸으로 때우는 노동직뿐이었다.

지라드는 낙담했지만 희망을 잃지는 않았다. 본인의 진가를 알아줄 곳이 세상 어딘가에 반드시 있을 것이라 믿었다. 그러던 중 그는 건설업자 아브라함을 만나 부동산 비즈니스에 뛰어들게 된다. 밝은 미래를 그리던 것도 잠시, 그는 부동산 투기꾼에게 사기를 당해 6만 달러(한화로 약 8,800만 원)의 빚을 지게 된다.

"1962년 크리스마스는 나에게 가장 잔인한 달이었다. 나는 일도 없고 먹을 것도 없이 빚만 6만 달러를 가지고 있는 비참한 가장이었다. 오랫동안 실의에 빠져있던 나는 무엇을 어떻게 해야 하는지조차 생각하지 못하고 오직 빚쟁이들을 피해 다니는 생활만 하고 있었다. 어느 날 집에 돌아와 보니 아내와 아이들이 밥을 굶고 있었다. 아내는 나에게 아이들이 배고프다고 하는데 줄 수 있는 게 아무것도 없다고 말했다."

지라드는 절박했다. 가족들을 먹여 살려야 한다는 절박함이 그를 움직였다. 그는 이곳저곳 전화를 걸어 겨우 쉐브롤렛 자동차 딜러의 세일즈맨으로 취직했다. 채용 담당자는 그가 세일즈를 잘할 거라고 생각하지 않았다. 경험도 없었고, 세일즈를 잘할 것처럼 보이지도 않았기 때문이다. 하지만 지라드는 자신만의 방식으로 자동차 세일즈를 시작했고, 곧 전설이 됐다.

조 지라드는 15년 동안 13,001대의 자동차를 파는 대기록을 세웠다. 그는 12년 연속 세계 No.1 세일즈맨으로 선정돼 기네스북에 올랐고『포브스』지의 '세기의 슈퍼 세일즈맨'으로 선정되기도 했다. 또 그는 세일즈맨으로서는 처음으로 자동차 왕 헨리 포드와 함께 '미국 자동차 명예의 전당'에 이름을 올렸다.

대부분의 자동차 판매원이 한 달 평균 4~5대를 판매하는 것과 달리, 지라드는 하루 평균 6대 이상을 수년간 판매했다. 그가 가장 많이 팔았던 해는 연간 1,425대였다. 현대자동차 판매왕의 연간 실적이 336대인 걸 고려하면 4배가 넘는 기록이었다.

그의 성공 비결은 단순했다.

"한 명의 고객을 250명처럼 대하라."

지라드는 결혼식이나 장례식의 평균 하객수가 250명 정도 된다는 것을 발견했고 이를 영업에 활용했다. 한 명의 고객을 만족시키면 250명의 잠재고객한테까지 연결될 수 있다. 지라드는 한 명의 고객에게 집중하고 그의 문제를 진심으로 공감하고 해결해 주면 더 많은 사람의 문제를 해결해 줄 수 있는 기회로 연결될 것이라 믿었다.

그는 매년 13번의 기념일마다 13,000장에 달하는 손 편지를 고객들에게 보냈다. 편지지의 크기와 색깔 등을 다양하게 구성해 스팸처럼 느껴지지 않게 신경 썼다. 카드에는 다음과 같은 메시지를 적었다.

"당신을 좋아합니다."
"당신은 제게 특별한 사람입니다."
"이번 달에도 당신이 잘되길 바랍니다."
"언제나 제 마음속에 있습니다."

조는 생일, 결혼기념일, 취업, 승진, 졸업 등 중요한 날을 미리 기록해 두고 그때마다 맞춤 카드를 보냈다. 그는 '사람은 자신을 기억해 주는 사람을 절대 잊지 않는다'고 믿었다. 그리고 카드에는 절대 세일즈 문구나 광고 문구를 넣지 않았다. 세계 최고의 자동차 세일즈맨이었던 그는 아이러니하게도 자동차 판매에 집중하지 않았다. 그의 초점은 오직 '인간적 관계'에 있었다. 그래서 고객들은 '이 사람이 나를 돈벌이 수단이 아니라 진짜 사람으로 대하는구나'라고 느꼈다.

그의 사무실 밖에는 일주일 전에 예약했던 고객들이 줄을 서서 그를 기다렸다. 고객들은 차를 사야 할 때나 주변에 차를 사고 싶은 사람이 있으면 머릿속에 제일 먼저 '조 지라드'의 이름을 떠올렸다. 실제로 판매량의 3분의 2가 기존 고객들과 그들의 지인들에게서 일어났다.

그는 고객들의 차가 고장이 났다는 소식을 들으면 정비사들을 데려와 25분 만에 차를 수리해 줬다. 고객이 "비용이 얼마인가요?"라고 물으면 그는 늘 이렇게 대답했다.

"비용은 없습니다. 사랑합니다. 그냥 다시 찾아오세요."

실제로 그는 고객들에게 항상 감사하고 사랑한다는 말을 잊지 않았다. 고객들에게 매해 직접 보내는 손 편지에도 꼭 그 내용이 적혀 있었다. 세계 최고의 세일즈맨의 비법은 단순히 '판매'에 있지 않았다. 그의 비법은 먼저 베푸는 '사랑'에 있었다. 고객들의 문제를 진정으로 해결해 주고 그들의 구매에 감사하는 마음과 그들을 진정으로 사랑하는 마음. 그 '마음'에 고객들은 움직였다.

더 많은 것을 얻기 위해서는 어쩌면 더 많은 것을 주어야 하는지도 모른다. 아담 그랜트의 『기브 앤 테이크』에서도 이야기하듯, 기버가 결국 가장 크게 성공한다는 진실을 조 지라드는 누구보다 당당하게 증명해냈다. 그의 성공에서 우리가 배울 것은 세 가지다.

- **사람을 대하는 방식이 곧 우리의 가치를 결정한다는 것.**
- **베푼 마음은 결국 다시 우리에게 돌아온다는 것.**
- **누군가를 진심으로 대하는 태도는 가장 강력한 경쟁력이 된다는 것.**

누구나 각자의 자리에서 세일즈를 하고 있다. 제품이든, 아이디어든, 자신이든. 조 지라드의 성공 비결은 특별한 재능 덕택이 아니었다. 그가 사람을 대하는 진심 어린 '태도' 자체에 있었다.

"Mementomori"
죽음을 기억하라

"한창때는 다시 오지 않고,
하루가 지나면 그 새벽은 다시 오지 않는다."
도연명

세상에서 가장 가난한 사람도 세상에서 가장 부자인 사람도 똑같이 가지고 있는 것이 있다. 그것은 바로 '시간'이다. 올리버 버크먼의 책 『4000주』에서는 인간이 평균 80살까지 산다는 가정하에 인간의 수명을 '주week'로 환산하면, 4000주가량이라고 이야기한다.

20살이라면 이미 인생의 25%를 산 것이고

30살은 37%,

40살은 50%,

50살은 62%,

60살은 75%,

70살은 87%를 산 셈이다.

이렇게 시간을 퍼센티지로 나타내면 우리에게 얼마나 적은 시간이 남아있는지 피부로 느낄 수 있다. 어쩌면 인생은 살아가는 것[living]이 아니라 죽어가는 것[dying]일 수도 있다.

'삶과 죽음'은 인류가 태어난 이래 모든 생명체의 피할 수 없는 숙명이다. 모든 생명체는 어느 시점에서 태어나 언젠가는 죽는다. 한때는 세상을 지배했던 유명한 통치자들도, 가난한 거지도, 인류 역사상 가장 강력했던 왕국을 건설했던 왕도, 신이라고 추앙받던 종교 지도자들도 모두 세상을 떠났다.

우리가 오늘 보는 사람들, 친구·가족·지인·연예인·운동선수·정치인… 등. 이들도 한 세기가 지나면 전부 이 세상에서 사라질 것이다. 인간의 수명은 그만큼 짧기 때문이다.

우리가 지구에서 보내는 시간은 한정적이다. 우주의 관점에서 지구를 보면 우리가 지구에서 보내는 80년의 시간은 하루살이만큼도 못 한 찰나의 순간이다. 미국의 유명 천문학자이자 대중과학을 널리 알린 칼 세이건도 지구라는 '창백한 푸른 점(보이저 1호가 61억km에서 떨어져 지구를 봤을 때 파란색의 작은 점 같아 보여 이렇게 불렀다)'에서 일생을 다투며 보내기에는 너무 아깝다 하지 않았는가.

인생은 짧다. 정말로 짧다.

"Mementomori"

라틴어로 "죽음을 기억하라"라는 뜻이다.

끝이 있다는 사실을 자각할 때 비르소 진짜 인생이 시작된다.

공자는 "모든 사람에게는 두 번의 인생이 있고, 두 번째 인생은 인생이 단 하나뿐이라는 사실을 깨달을 때 시작된다."라고 말했다. 지금 이 순간도 다시 오지 않는다. 이 글을 읽고 있는 이 1분 1초도 다시는 돌아오지 않는다. "오늘 하루는 어제 죽은 이가 간절히 바라던 내일이다"라는 말도 있지 않은가. 그러니 기억해야 한다. 여러분의 인생이 결국 끝을 향해 가고 있다는 사실을. 여러분에게 가장 중요한 일은 '나중'이 아니라 '지금' 해야 한다.

적당한 때란 오지 않는다. 완벽한 순간도 오지 않는다. 기다리는 동안 삶은 조금씩 사라진다. 시간은 영원하지 않다. 그러니, 짧은 인생을 더 이상 흘려보내지 마라. 인생은 소중한 일만 하기에도 턱없이 짧다.

팔다리가 없어도,
장애는 한계가 될 수 없다

*"장애는 삶을 멈추게 하지 않는다.
포기하는 마음이 멈추게 한다."*
닉 부이치치

루크는 126만 팔로워를 보유한 헬스 인플루언서다. 그에게는 남들과 다른 점이 있었다. 그는 다리를 절뚝거렸고 지팡이 두 개를 사용해야 걸을 수 있었다. 지팡이가 없으면 이동 자체가 불가능했다. 루크는 어렸을 때부터 특이한 장애를 안고 태어났다. 부모님은 루크를 데리고 미국 전역을 돌며 이 병을 치료할 수 있는 의사를 찾아다녔고 여러 차례 수술도 받게 했다. 하지만 아무도 루크의 병을 치료하지는 못했다. 그럼에도 부모님은 절대 그를 포기하지 않았다. 다리가 불편해도 해내지 못할 것은 없다고 늘 자신감을 심어줬다.

실제로 루크는 어렸을 때부터 지팡이를 짚고 하이킹을 다니고 자전거도 타고 러닝도 하며, 장애가 있음에도 일반 아이들처럼 무엇이든 하며 자랐다. 그러다 동네에서 우연히 만난 피트니스 코치를 통해 본격적으로 운동을 시작했고, 장애를 극복하며 다양한 운동을 하는 영상을 SNS에 올려 대형 피트니스 인플루언서가 됐다. 루크의 목표는 자신의 삶을 통해 수백만 명에게 영감을 주고 그들의 인생을 변화시키는 것이다. 그는 SNS 계정에서 항상 이렇게 말한다.

"여러분이 어떤 상황에 처해 있든 절대 절대 포기하지 마세요. 제가 할 수 있으면 여러분도 할 수 있습니다."

∽

"팔다리가 없어도 장애는 나의 한계가 될 수 없어."

"닉 넌 할 수 없어."

"닉 이제 그만 포기해."

"넌 직업도 구할 수 없을 거야."

"결혼도 하지 못할 거야."

이 청년이 어렸을 때부터 들었던 수많은 말들이었다.

하지만 그 정도는 아무것도 아니었다. 닉 부이치치는 아이들에게까지 심한 따돌림을 당했고, 사람들로부터 모욕과 멸시를 받았다. 그는 두 팔과 두 다리가 없이 태어났고, 거울 속 모습을 볼 때마다 "나는 왜 이렇게 태어났을까?"라는 질문이 머릿속을 맴돌았다. 해표지증(양쪽 팔 또는 다리가 불완전한 형태를 띠는 선천성 기형) 외에는 다른 질환이 없이 건

강했지만, 커갈수록 다른 아이들과 차이점을 느꼈고, 그는 8살 때 우울증으로 자살까지 시도하려 했다. 하지만 자신이 떠난 후 고통 속에 살아갈 가족들을 생각하자 그러지 못했다.

닉은 포기 대신 '도전'을 선택했다. 발가락이 거의 붙어 있는 상태였지만, 남아있는 왼쪽 발가락 두 개로 펜을 잡는 법을 익히고 키보드를 두드리는 법을 배웠다. 그는 물속에 몸을 던져 수영을 배웠고, 다시 일어서기 위해 수천 번 넘어진 끝에 균형 잡는 법을 터득했다. 그가 넘어질 때마다 부모님은 "넘어지는 건 당연하다. 다시 일어서서 도전하면 된다"라고 격려했다. 또 닉이 파도타기나 축구 같은 새로운 스포츠에 도전하는 걸 망설일 때마다 "해보기 전까지는 할 수 있는지 없는지 모르는 거야"라고 말하며 응원했다.

그의 이야기는 수백만 명에게 희망을 주었고, 닉은 전 세계를 다니며 수천 명 앞에서 연설하는 동기부여 연설가가 됐다. 그는 남들과 같이 서핑도 하고 수영도 하며, 장애가 있어도 더 나은 삶을 살 수 있다는 사실을 사람들에게 몸소 보여줬다. 사람들은 닉을 통해 자신이 가진 한계를 깨고 변화할 용기를 얻었다.

그는 팔·다리가 없는 것이 전혀 한계가 되지 않는다고 말한다.

"인생에서 가끔은 넘어질 때가 있습니다. 일어날 힘이 없어진 것처럼 느껴지죠(닉이 앞으로 엎어진다). 지금의 저처럼 말이죠. 저는 100번을 일어나려 할 겁니다. 100번을 실패할 수도 있겠죠. 그렇다고 포기하면 다시 일어날 수 있을까요? 일어나지 못하겠죠. 하지만 계속 시도하고, 또 시도하고, 또 시도한다면요? 일어날 기회가 계속 생길 겁니다. 포기하지 않을 때까지는 끝나지 않은 겁니다. 실패는 누구나 합니다. 중요한 건 그럼에도 다시 일어서려는 것입니다. 삶의 위대함은 상처와 나약함을 극복하고 앞으로 나아가는 데 있습니다. 팔다리가 없는 저는 희망을 전하는 사람입니다. 그렇다면 여러분은 무엇을 할 수 있나요?"

두 사람의 몸은 한계를 안고 태어났지만, 그들의 마음은 단 한 번도 멈춘 적이 없었다. 루크는 지팡이를 짚은 채 산을 올랐고, 닉은 팔·다리가 없어도 파도 위에서 미소 지었다. 누구도 그들에게 '할 수 없다'라는 말을 받아들이게 만들지 못했다. 결국 한계를 정하는 건 몸이 아니라 태도다. 넘어지면 다시 일어서고, 느리면 더 오래 버티고, 불가능해 보이면 다른 길을 찾는 것. 우리가 두 사람에게서 배워야 할 단 하나의 사실은 이것이다.

한계는 태어나는 것이 아니라, 포기하는 순간 만들어진다. 그리고 다시 움직이는 순간, 그 한계는 언제든 깨질 수 있다.

메가스터디 손주은 회장이 말하는
'성공할 수밖에 없었다는 독한 여학생' 이야기

"세상은 똑똑한 사람보다
실행하는 사람에게 기회를 준다."

손주은

손주은 회장은 메가스터디의 공동창업자로, 대한민국 교육 혁신과 디지털 사교육 시장을 선도하며 교육산업에 큰 영향을 끼친 인물이다. 그가 40살이었을 때 했던 한 강의는 시간이 지난 뒤 유튜브에서 다시 바이럴되며 많은 사람에게 회자되었다. 그가 예전에 과외했던 한 여학생의 이야기다. 이 학생은 과체중에 자신감도 없었고 스트레스로 얼굴이 굳어 있었다. 성적은 반에서 20~30등. 그 시절 20~30등이면 4년제 대학은 커녕 전문대도 어려운 수준이었다.

손주은은 여학생의 눈을 똑바로 바라보며 말했다.

"지금처럼 살면 밑바닥보다 못한 인생을 살 수도 있어. 정신 똑바로 차리고 변하지 않으면 인생 끝장날 수 있다."

그리고 선택지를 줬다.

"내 말이 마음에 안 들면 지금 나가도 돼. 과외비도 안 받았으니까. 하지만 아니라면 나랑 같이 성적 올려서 인생 바꿔보자."

그 말을 들은 여학생은 얼굴에 손을 감싸고 울음을 터트렸다.

"선생님 말씀이 맞는 것 같아요. 목숨 걸고 공부해 볼게요. 이제 어떻게 하면 되나요?"

그녀는 공부 말고는 자신을 구제할 방법이 없다는 사실을 진심으로 받아들였고, 인생을 바꾸기로 마음먹었다. 손주은은 간단한 테스트를 진행했다. 영어는 그나마 괜찮았지만, 수학은 중학교 1학년 수준도 되지 않았다. 고2까지 사실상 공부를 거의 해본 적이 없는 상태였다. 지금 수준에서 고2 수학을 따라가려면 중1·중2·중3 과정 전체를 단기간에 끝내야 했다. 그녀는 2개월 동안 모든 시간과 에너지를 수학 기초에 쏟아부었다. 손주은이 내주는 과제의 양도 어마어마했다.

"공부는 머리가 아니라 엉덩이로 하는 거야. 엉덩이로 하는 게 무슨 말이냐면 한자리에 앉으면 적어도 2시간은 꼼짝도 하지 않아야 한다는 소리야. 알겠어?"

그날부터 여학생은 17시간 분량의 과제를 받았다. 보충 수업 없는 날을 기준으로 잠자는 시간, 이동 시간, 식사 시간을 제외한 모든 17시간을 도서관에서 과제에 쏟았다. 하루의 할당량은 아래와 같았다.

1. 수학 100문제 풀기
2. 영어 독해 지문 100개 풀기
3. 영어 단어 100개 외우기

이걸 단 하루도 빠짐없이 해냈다. 모나미 볼펜은 하루에 1개씩 닳아 없어졌고 수학 문제를 풀기 위해 하루 50페이지의 연습장을 모두 소진했다. 10일간 쓴 연습장만 500페이지였다. 영어 학원 교재의 독해 지문 100개는 보통 학생들이 3개월 동안 푸는 분량이다. 여학생은 하루 만에 끝냈다. 수학 학원 교재에 있는 200문제 역시 보통 3개월 분량인데, 그녀는 이틀 만에 모두 풀었다.

"잘 들어. 학원 다니며 배우는 2개월가량의 분량. 웬만큼 집중하면 1주일이면 끝낼 수 있어. 근데 여기 앉아 있는 너희들 중에는 이 친구의 하루 분량이 2년 동안 공부한 총량인 애들도 있을 거야. 내가 정확하게 말해줄게. 너희가 제대로 하지 않으면 반드시 망한다."

그렇게 악착같이 공부한 결과, 2개월 만에 반 10등, 3개월 뒤에는 2등. 반에서 30등 하던 꼴찌 학생이 거의 1등까지 올라가는데 든 시간은 5개월이었다. 인생을 바꾸는 데 필요했던 시간은 몰입과 집중의 시간 '딱 5개월'이었다. 이후 이화여대 사학과에 수석으로 입학해 4년 내내 1등을 유지하며 졸업했다.

대학원 석사 과정에서도 최상위권을 놓치지 않았다. 결혼과 출산을 거치면서 시간이 흘렀지만 배움에 대한 열망은 식지 않았다. 그러나 경제적 여건이 공부를 이어가기엔 버거웠고, 모든 것을 내려놓을까 고민하던 그녀는 손회장을 찾아가 고민을 토로했다.

"선생님, 저 행정고시 공부를 시작하고 싶어요."

행정고시가 얼마나 어려운 시험인지 그는 잘 알고 있었다. 사법고시, 행정고시, 외무고시는 '3대 고등고시'. 서울대 법대 학생 중에서도 이 셋 중 하나라도 합격하는 비율은 30%에 불과했다. 즉, 서울대 법대생 70%가 낙오자로 끝나는 시험이었다. 공부만 해도 최소 5년이 필요한 극악 난이도의 시험. 그녀는 행정·정책·민법 등 모든 분야에 문외한이었다. 하지만 손회장은 그녀를 격려했다

"17시간 동안 미친 듯이 공부하던 그때를 생각해 봐. 너는 이미 공부를 해본 경험이 있으니 이 도전도 가능할 것이야."

그녀는 6개월 만에 1차에 합격했다. 2차에서는 떨어졌지만, 손회장은 반드시 행정고시에 합격하리라 생각했다. 17시간 동안 지독하게 공부하며 목표를 이루기 위해 고군분투했던 시절을 봐왔기에. 그는 그런 마인드 셋과 태도로는 이루지 못할 것이 없다는 사실을 알았다.

그녀는 1년 6개월 만에 행정고시에 합격했다. 서울대 법대생도 아니었던 그녀가, 그것도 사학과 출신으로서는 거의 신기록에 해당하는 점수로 합격한 것이다. 이후 그녀는 연수원으로 들어갔고, 6개월 간의 연수원 기간 동안 행정고시 연수원이 생긴 이후 '역대 최고의 성적 신기록'을 세우며 졸업했다. 삶을 한번 근본적으로 바꿔 본 경험이 있는 이들에

게는 이런 일들이 너무나도 쉬웠다. 지옥처럼 악착같이 17시간씩 매일 공부해 본 경험이 있는 그녀에게는 1년 6개월간의 행정고시 공부가 그렇게 힘들지 않았다.

손주은 회장은 한 강의에서 이렇게 말했다.

"인생은 보통 쉽고 재미있고 즐거운 일은 다 나쁜 일이야. 밤새워서 오락하면 피시방에서 나올 때 환희가 막 몰려오나? 절망감이 엄습하잖아. 밤새워 만화책 보면 세계를 얻은 것 같은 환희가 감싸오나? 쉽고 재미있는 것들, 쉽게 얻을 수 있는 모든 것들은 다 나쁜 것이야. 정말 고통스럽고 힘든 일들. 정말 이건 너무나도 힘들 것 같은 일들. 그걸 하고 나면 정말 의미 있고 가치 있다는 것. 환희를 느낄 수 있다는 것을 알 거야. 인생에서 고통스럽고 힘든 일을 선택할 수 있는 지혜를 배워야 해. 고통스럽고 힘든 일이 정말 쉬운 일이고 힘들고 가벼운 일들은 나중에는 무의미하고 정말 도리어 힘든 결과를 가져온다고. 이 젊은 나이에 조금만 더 고통스러운 걸 선택해 봐. 내년 이맘때 너희 모습이 엄청나게 달라져 있을 거야. 얘는 17시간의 엄청난 고통스러운 과업을 수행했기 때문에 지금 우리 사회에서 최고의 엘리트가 되었단 말이야. 이런 변화를 꿈꿔야 해. 그러려면 어떻게 해야 해? 모든 걸 싹 다 바꿔야 돼. 어머니, 아버지, 일가친척, 형제, 자매 빼고 다 바꿔야 돼. 친구도 바꿔야 돼. 내가 살고 있던 여태까지의 삶의 태도나 방식을 모두 바꾸지 않으면 너희들은 내년 이맘때 정말 깊은 절망감에 빠져있을 거야. 이 이야기를 듣고 자기 자신을 변화시키는 것. 그게 큰 행운이 될 거야."

대부분의 변화는 고통 속에서 일어난다. 쉽고 편한 일로는 성장이 일어나지 않는다. 힘들고 어려운 일을 할수록 우리는 '꿈꾸던 미래의 나'에 가까워진다. 이를 위해서는 노력과 훈련이 필요하다. 꼭 기억해야 할 사실은 누구나 이런 '성장'을 경험할 수 있다는 것이다. 반에서 거의 꼴찌였던 학생이 상위권으로 올라가는 데 걸린 시간은 단 5개월이었다. 인생을 바꾸는 데 필요한 시간은 생각보다 적다.

여러분에게 전하고 싶은 말은 단 하나다. 5개월만 유령이 돼라. 목표를 이루기 위해 세상에서 조용히 사라져라. 넷플릭스, TV, 예능, 게임을 끊고, 편안함 대신 고통스러운 선택을 해라. 성공하는 사람들의 패턴은 단순하다. 고통을 피하지 않고, 고통을 선택하고, 고통을 통과한다. 5개월의 독한 몰입이 평생의 격차를 만든다. 결국 인생을 바꾸는 건 재능이 아니라, 여러분이 선택한 고통의 총량이다.

거절당한 영화학도에서 세계적인 거장이 되다

*"나를 믿어라.
인생에서 최대의 성과와 기쁨을 수확하는 비결은
위험한 삶을 사는 데 있다."*

프리드리히 니체

1965년 17살의 소년은 미국 Canoga Park에 있는 사촌댁을 방문했다. 소년은 USC 대학교의 영화학과에 여러 번 지원했지만 모두 낙방해 풀이 죽은 상태였다. 그들은 유니버셜 스튜디오 투어를 함께할 예정이었다. 소년에게는 비밀 계획이 있었다. 트램을 타고 스튜디오를 둘러보던 중, 쉬는 시간이 되자 그는 즉시 화장실로 달려가 조용히 몸을 숨겼다. 30분 정도 기다린 끝에 사람들이 모두 떠나자 그는 조심스럽게 밖으로 나왔다.

혼자서 스튜디오를 배회하던 소년은 그곳에서 척 실버스라는 편집 담당자를 만난다. 소년은 1시간 동안 자신의 꿈과 목표, 그리고 영화에 대한 열정을 그에게 쏟아냈다. 실버스는 감명받아 이렇게 말했다.

"영화에 대한 열정이 대단한 게 인상 깊군! 자네에게 3-day pass를 끊어주겠네. 그 이상은 나도 권한이 없어서 불가능해. 행운을 비네!"

다음날 소년은 아버지의 정장과 브리프케이스를 들고 정문 게이트에 나타났다. 당당하게 걸으며 게이트의 가드에게 손을 흔들며 인사했다.

"안녕하세요. 스카티 씨!"

가드도 그를 익숙한 직원처럼 맞아주었다. 그렇게 아무도 허가하지 않은 '출근'이 시작됐다.

"아버지에게 빌린 브리프케이스 안에는 샌드위치 하나와 캔디바 두 개가 들어 있었습니다. 그날부터 여름 내내 매일 유니버설 스튜디오로 출근했어요. 감독, 작가들, 편집자들, 더빙 담당자들과 이야기를 나눴죠. 방치돼 있던 오피스도 발견했어요. 그리고 생각했죠. '여기를 내 사무실로 쓰면 되겠군!' 근처 가게에서 플라스틱 이름패를 사서 이렇게 새겼습니다."

'Steven Spielberg - Room 23C'

스필버그는 이후로 매일 출근하며 감독과 편집자에게 궁금한 것을 물어봤다. 음향 시설에 들어가서는 음향은 어떻게 작동하는지 살펴보기도 하고 촬영이 끝난 배우들에게 말을 걸기도 했다. 말 그대로 자신만의 영화 학교를 만든 것이었다.

그렇게 시작한 커리어는 스필버그가 후에 인류 역사상 가장 위대한 감독이 되는데 초석이 되었다. USC 대학에서 낙방했던 그는 자신이 영화에 대해 배울 수 있는 배움터를 스스로 만들었다. 그는 직접 몸으로 부딪쳐가며 다양한 단편 영화를 제작했고, 이는 새로운 기회로 이어졌다. 그리고 결국 그는 다음과 같은 위대한 걸작들을 만들어냈다.

- 1974년 <죠스>
- 1981년 <인디아나 존스>
- 1982년 <ET>
- 1992년 <쥬라기 공원>

스필버그는 4개의 영화로 세계적인 감독이 되었고, 그 후로

- 1993년 〈쉰들러 리스트〉
- 1998년 〈라이언 일병 구하기〉
- 2002년 〈마이너리티 리포트〉
- 2005년 〈우주전쟁〉

같은 흥행작을 배출하며 세계적인 거장이 된다. 실제로 그는 영화로만 한화 13조 원 이상을 벌었다고 한다.

많은 사람이 현재의 환경에 대해 불평불만을 한다. '내가 커리어를 쌓지 못했던 이유는 기회가 오지 않았기 때문이야.', '내가 돈을 벌지 못한 이유는 운이 없었기 때문이야.', '경제가 안 좋기 때문에.', '가난하게 태어났기 때문에.', '어리기 때문에.', '나이가 너무 많기 때문에.' 등등. 하지만 이 모든 것들은 핑계에 불과하다. 여러분보다 훨씬 더 최악의 환경에서도 성공하는 사람들은 수없이 많다. 진짜 성공을 한 사람들은 어떤

상황에서도 변명하지 않고, 스스로 기회를 만든 사람들이다.

어린 스필버그가 위대한 커리어의 초석을 쌓는 기회를 잡을 수 있었던 건 그 어떤 핑계도 대지 않고 과감하게 행동했기 때문이다. 어떤 사람들은 이렇게 이야기할 수 있다.

"아니, 어떻게 화장실에 숨어 있다가 관계자를 만나러 갈 수 있지?"
"어떻게 관계자와 이야기를 해서 출입권을 받을 수 있었을까?"

만약 스필버그가 행동하기도 전에 이렇게나 많은 걱정을 했다면 그런 행동을 할 수 있었을까? 핵심은 이것이다. 핑계를 없애고, 목표만 보고 빠르게 행동하는 것. 우리는 사람들의 시선과 사회의 규범을 깨부수고 목표를 이루기 위해 지금 내가 할 수 있는 가장 빠른 행동이 무엇인지 찾아야 한다. 스필버그가 트램에서 뛰어내렸듯, 꿈을 향한 행동은 '빠른 결단'에서 시작된다. 그는 학교 대신 현장에서 배우며 스스로 기회를 만들었고, 모르는 것은 어떻게든 찾아내고 물어보며 직접 알아냈다. 이 작은 움직임들이 모여 그의 세계를 확장했고, 스필버그는 결국 세계적인 거장이 되었다.

스필버그는 문이 열릴 때까지 기다리지 않았다. 문이 열릴 틈을 발견하면 그 틈에 자신의 존재를 비집고 넣었다. 대학교 낙방은 그를 멈추게 하지 못했다. 오히려 '학교' 대신 '현장'이라는 더 큰 배움터에 뛰어들었다. 그는 남들보다 먼저 도착했고, 남들보다 오래 머물렀으며, 남들보다 깊게 질문했다.

세상은 기다리는 자에게 기회를 주지 않는다. 진입의 순간을 주저하지 않는 태도. 바로 이것이 지금 우리에게 필요한 성공의 자세다.

성공하는 타이탄들의 공통적인 아침 습관

"아침 시간을 어떻게 쓰느냐가 하루 전체를 결정한다."

벤자민 프랭클린

<세계에서 가장 성공한 사람들의 아침 루틴>

세계에서 가장 가치 있는 기업 애플을 이끄는 팀 쿡은 하루를 새벽 4시에 시작한다고 알려져 있다. 그는 4시에 일어나 1시간 동안 고객과 직원들의 이메일에 답장을 보내고, 5시부터는 체육관에서 운동을 한다. 6시에는 샤워를 하고 건강한 아침 식사를 한 뒤, 7시에 애플로 출근한다.

세상에서 가장 성공한 투자자이자 오마하의 현인이라고 불리는 버크셔웨이의 워런 버핏은 오전 6시 45분에 기상한다고 알려져 있다. 그는 하루 8시간 수면을 반드시 지키려 한다. 기상 후 30분 정도는 가벼운 운동을 하고, 신문을 읽으며 하루를 시작한다. 출근길에는 맥도날드 빅맥을 사 들고 사무실로 향한다. 버핏은 자신의 하루 업무를 '읽는 것[Reading]'이라고 표현할 정도로, 대부분 시간을 각종 리포트와 신문, 자료를 읽는

데 쓴다.

“저는 읽고 또 읽고 읽습니다. 하루에 4~6시간 동안 무언가를 읽는 데에만 사용하는 것 같아요.”

세상에서 가장 성공한 여성 방송인이라고 불리는 오프라 윈프리는 오전 6시에서 6시 20분 사이에 기상한다고 알려져 있다. 그녀의 모닝 루틴은 정신적·신체적·정서적 자기 관리에 초점을 맞춘 ‘의도적인 습관들’로 이루어져 있다.

그녀는 기상 후에는 3분 정도 따뜻한 카푸치노를 마시며 아침을 여는 작은 의식을 치른다. 그다음 반려견 5마리를 산책시키고, 약 50분간 요가나 트레드밀을 타며 몸을 깨운다. 이후 10~20분 명상으로 감정과 생각을 정돈하고, 영감 카드를 5개 읽는다. 그리고 10분 동안 자신이 감사한 것들을 적는 ‘감사 일기’를 작성한다. 오프라는 이 과정이 하루의 마음가짐을 긍정적으로 바꾸는 데 큰 역할을 한다고 강조한다.

트위터(X)의 공동창업자이자 전 CEO인 잭 도시는 모닝 루틴이 고도의 집중력 유지, 스트레스 관리, 자기 절제와 인내력 강화에 큰 도움이 된다고 밝히기도 했다. 그는 새벽 5시에 일어나 30분~1시간 정도 명상으로 하루를 시작하고, 회사까지 약 5마일(약 8km)을 달리거나 걸어서 출근한다. 운동 직후에는 찬물 샤워를 한다. 그는 아침의 찬물 샤워가 어떤 일이든 해낼 수 있다는 자신감을 심어 준다고 말한다.

<타이탄들의 핵심 모닝 루틴>

세상에서 가장 성공한 사람들의 모닝 루틴의 핵심 요소는 다음과 같다.

1. 미라클 모닝

일찍 일어나는 새가 벌레를 잡는다는 속담처럼 그들은 평균적으로 4~6시 사이에 하루를 시작한다.

2. 운동

그들은 건강이 인생에서 가장 중요한 요소 중 하나임을 잘 알고 있다. 매일 45분~1시간가량을 운동에 투자하며, 체력을 기르고 신체 퍼포먼스를 높이는 데 집중한다.

3. 명상 및 감사 일기

브릿지 워터의 창업가이자 미국의 억만장자인 레이 달리오는 본인의 삶에 가장 도움이 되는 습관으로 '명상'을 꼽았다. 오프라 윈프리는 매일 아침 감사한 것 5가지를 적는 '감사 일기'를, 자신을 가장 충만하게 만드는 습관 중 하나라 말한다.

4. 건강한 식사

억만장자들은 세상에서 가장 많이 두뇌를 사용하는 사람들일 것이다. 이런 두뇌에 가장 중요한 것은 '음식'이다. 음식은 이들에게 연료와도 같다. 그들은 아보카도, 계란, 베리류, 견과류, 통곡물, 신선한 야채 등 뇌 기능과 에너지를 최적화하는 식단을 선호한다.

5. 독서 및 정보 습득

성공한 억만장자들은 '배움'에 돈과 시간을 아끼지 않는다. 세계 최고의 투자자 워런 버핏과 오랫동안 세계 1위 부자 자리를 지켰던 빌 게이츠는 공통적으로 자신의 성공 요인으로 '독서'를 꼽는다. 워런 버핏은 하루의 80%를 독서에 쓰며, 매일 5개의 신문과 500페이지 분량의 리포트와 글을 읽는다고 알려져 있다. 빌 게이츠는 1년에 50권의 책을 읽고, 1년에 한 번 '생각 주 Think Week'를 정해 외딴 별장에서 1주일 동안 독서와 사색에만 몰두한다. 세계 1위 부자인 일론 머스크 역시 어린 시절 하루 10시간씩 책을 읽을 정도의 독서광이었으며, 로켓 공학도 책으로 독학했다고 알려져 있다. NBA 댈러스 매버릭스의 구단주이자 억만장자인 마크 큐번은 하루 3시간 이상을 독서에 쓰며, '지식은 최고의 투자'라고 강조한다.

6. 수면

많은 한국인은 '적게 자고 오래 일하는 것'이 성공의 공식이라고 믿는다. 그러나 실제로 억만장자들은 잠을 줄여가며 일하지 않는다. 6개의 회사를 운영하는 일론 머스크조차 최소 6시간 이상은 잔다고 한다. 그 이유는 6시간 미만으로 자면 생산성이 크게 떨어지기 때문이다. 아마존 창업자 제프 베조스의 평균 수면 시간은 8시간이다. 그는 "8시간 수면이 나의 생산성과 에너지를 극대화한다"라고 말한다. 빌 게이츠의 수면 시간은 약 7시간, 메타의 마크 저커버그는 7~8시간을 잔다. 이렇듯 억만장자들은 잠을 줄이는 것이 오히려 하루 전체의 생산성을 떨어뜨린다고 입을 모은다. 머리를 많이 써야 하는 위치일수록 명료한 사고 없이는 좋은 의사 결정을 할 수 없고, 이는 회사에 치명적인 위험을 초래할 수 있기 때문이다. 모든 억만장자들이 공통적으로 말하는 것은 단 하나다. 충분한 수면은 최고의 생산성과 의사 결정력에 직결된다는 것. 당연히 그들도 한때는 하루 3~4시간만 자며 일에 매진했던 시기가 있었다. 하지만 수면 부족이 장기적으로 집중력·건강·창의력에 악영향을 미친다는 것을 몸소 경험한 후, 충분한 휴식을 '성공의 필수 조건'으로 받아들이게 되었다.

요약하자면, 세계적으로 성공한 타이탄들의 아침 습관에는 공통점이 있다. 신체적, 정신적 건강관리(운동, 식사, 명상, 수면)와 자기 계발(독서, 학습)이 균형을 이루고 있다는 것이다. 그들은 신체와 정신을 관리하는 것이 가장 중요하다는 사실을 잘 알고 있다. 매일 내리는 중요한 의사결정 하나하나가 자신의 일은 물론, 회사와 수많은 사람의 삶에 큰 영향을 미치기 때문이다.

건강한 체력과 정신만이 나를 무너지지 않게 지탱해 주며, 더 위대한 일을 성취하는 밑거름이 된다는 사실을 그들은 누구보다 잘 알고 있다.

이 글에서 소개한 여러 타이탄들의 모닝 루틴은 저마다 다르지만, 본질은 같다. 하루의 첫 시간을 가장 가치 있는 방향으로 사용하고, 몸과 마음을 관리하고, 배움을 멈추지 않는 것. 이 간단한 원칙들이 반복되어 결국 '압도적인 차이'를 만들었다. 우리에게 필요한 것은 모두가 부러워할 만한 완벽한 루틴이 아니다. 단 하나라도 자신에게 맞는 습관을 선택해 매일 반복하는 것이다. 기상 시간을 조금 당기는 것, 10분이라도 읽는 것, 간단한 운동을 하는 것. 이런 작은 변화들이 모여 결국 삶의 궤도를 바꾼다.

성공한 사람들은 특별하거나 특출한 사람들이 아니었다. 단지 망설이는 시간을 줄이고, 자신에게 필요한 습관을 꾸준히 반복한 사람들일 뿐이다. 하루를 어떻게 시작하는지가 결국 그 사람의 미래를 만든다. 타이탄들의 아침 습관은 그것을 누구보다 명확히 보여준다.

트럭 운전을 하며
꿈을 이룬 세계적인 거장

"지금 하는 일에서 당신의 꿈을 향해 자신 있게 나아간다면,
평범한 시간 안에서도 예상치 못한 성공을 마주하게 된다."

헨리 데이비드 소로

한 트럭 운전사가 목적지로 가는 길, 중간 휴게소에 도착했다. 그는 생계를 위해 트럭을 몰았지만, 휴게소에서 잠시 멈춘 이유는 따로 있었다. 바로 짬짬이 시간을 내 시나리오를 쓰기 위해서였다. 그의 꿈은 스타워즈 같은 최고의 SF영화를 만드는 것이었다.

그는 대학에서 물리학을 전공했지만 자기 길이 아니라 느껴 대학교를 중퇴했다. 제대로 된 정규 교육도 받지 못한 채 영화감독을 꿈꿨지만, 현실은 냉혹했다. 생계를 위해 트럭 운전과 청소부 같은 막일을 전전해야 했고 일상은 지극히 고단했다. 주변에서는 꿈은 접고 안정된 직업을 찾으라는 충고가 이어졌지만 그는 아랑곳하지 않고 두꺼운 영화 교본을 밤새워 읽고, 할리우드 영화의 카메라 구도와 특수효과를 공부했다.

그는 미국 캘리포니아의 명문 사립대 USC 영화과에 들어가 영화인의 길을 걷고 싶었지만 현실은 녹록지 않았다(USC는 영화 전공자들이 가장 들어가고 싶은 대학교로도 알려져 있다).

돈이 없던 그는 주말마다 USC 도서관에 가 블루 스크린, 옵티컬 프린팅, 카메라 렌즈, 특수효과와 관련된 책을 읽었다. 다 읽지 못한 내용은 스캔해 거대한 바인더에 정리했다. 그는 이 바인더를 트럭 운전 중 쉬는 시간마다, 주말마다 계속 읽었다. 영화를 가르쳐줄 사람은 단 한 명도 없었다. 모든 것을 혼자 배워야 했다. 그는 이때를 회상하며 이렇게 말했다.

"특수효과와 촬영법을 트럭 운전을 하며 짬짬이 독학했습니다. 주말에는 USC 도서관에 가 영화를 만드는 데 필요한 모든 지식을 습득했어요. 다 읽지 못한 건 스캔해 바인더에 넣었습니다. 복사 비용 120달러를 들여 학위를 취득한 것과 같았죠"

공부한 내용을 바탕으로 틈틈이 단편 영화를 만들던 그에게 첫 번째 기회가 찾아왔다. 바로 <피라냐 2>라는 저예산 영화의 감독으로 발탁이 된 것이다. 그러나 제작을 시작한 지 10일 만에 그는 사실상 모든 제작 과정에서 배제됐다. 본인이 연출한 장면을 편집할 권한조차 잃은 채, 영화는 극장에서 공개되었다. 제작자들이 원했던 것은 그의 연출력이 아니라 단지 '미국인 감독'이라는 경패뿐이었다.

<피라냐 2>는 비평가와 대중 모두에게 혹평받으며 그의 커리어에서

최악의 실패작 중 하나로 평가받게 된다. 그는 이 영화에 대해 “날아다니는 피라냐가 나오는 영화 중 최고의 영화”라고 자조할 정도로 좌절이 컸다. 이 실패는 그를 어디에서도 받아주지 못하게 만들었고, 집세조차 내지 못해 쫓겨날 상황에 처하게 했다. 그러던 어느 날, 그의 머릿속에 한 가지 이야기가 번쩍 떠올랐다.

“미래에 인간과 사이보그가 전쟁을 벌인다면?”

사이보그가 과거로 돌아가 지도자의 어머니를 암살하려 한다는 설정. 아무도 상상해 본 적 없는 이야기였다. 사람들은 비웃었다.

“사이보그? 그게 뭔데요. 그런 영화는 들어본 적도 본 적도 없는데 그런 걸 보는 사람이 있을까요?”

월세를 못 내 살던 집에서 내쫓긴 그는 차에서 생활하며 본인이 머릿속에서 상상했던 시나리오를 쓰기 시작했다. 그는 힘들게 시나리오를 완성한 후 수많은 영화사의 문을 두드렸다. 그러나 수십 곳의 영화사를 찾아가도 돌아오는 대답은 하나였다.

“투자 불가.”

사이보그와 싸우는 미래 SF 이야기라니. 전례도 없고 이렇게 낯선 이야기에 투자하기에는 위험도가 너무 높았다. 하지만 그는 지치지 않는 열정으로 계속해서 영화 제작사의 문을 두드렸다. 그는 될 때까지 포기하지 않겠다는 마음으로 제작사들을 만나고 설득하는 과정을 반복했다.

우여곡절 끝에 한 제작사에서 이 영화에 투자하기로 결정했다. 그렇게 인간과 사이보그가 전쟁을 한다는 내용의 영화 〈터미네이터〉가 탄생하게 된다. 터미네이터는 저예산 SF 영화로 제작비용 대비 20배가 넘는 수익을 올렸고 전 세계적으로 7,830만 달러를(한화로 약 1,152억 원) 벌어들이며 초대박을 쳤다.

그의 이름은 제임스 카메론.

영화 역사상 가장 영향력 있고 성공적인 감독으로 평가받는 인물이다.

제임스 카메론은 이 영화를 시작으로 〈터미네이터 2〉, 〈에일리언〉, 〈타이타닉〉, 〈아바타〉로 전 세계 흥행 매출 약 87억 달러(한화로 약 12조 원)를 달성한 세계적인 거장이 됐다. 역대 흥행 수익 영화 Top 4개 중 3개가 그의 영화인만큼 그는 앞으로도 깨지지 않을 전무후무한 대기록을 보유하고 있다.

많은 예비 감독들이 "학교가 필요하다", "돈이 없다", "인맥이 없다"라고 말할 때 제임스 카메론은 말한다.

"저는 정규 교육을 받지 않았어요. USC에 있는 도서관에 가 독학으로 영화를 배웠습니다. 돈도 없었어요. 터미네이터 시나리오를 집필했을 당시에는 월세를 못 내 살던 집에서 쫓겨났고, 차에서 생활하며 시나리오를 완성해야 했어요. 인맥도 당연히 없었죠. 저는 트럭 운전사였으니까요. 터미네이터 시나리오를 완성한 후에는 수많은 영화사의 문을 두드려야 했어요. 더 웃긴 사실은 제가 영화를 총괄한다는 조건(〈피라냐

2>의 악몽으로 인해 이런 조건을 내걸었다) 하에 〈터미네이터〉의 저작권 소유권을 제작사에 단돈 1달러에 넘겼다는 거예요. 제가 상상한 영화를 직접 제 손으로 만들기 위해서 저는 무엇이든 해야 했습니다."

트럭 운전을 하며 영화를 독학하고 자동차에서 쭈그리고 앉아 시나리오를 집필하던 청년은 세계적인 거장이 됐다. 제임스 카메론의 이야기를 들으면 과연 우리는 우리의 꿈을 이루기 위해 어떤 노력을 해왔는지 자문하게 된다. 여러분은 여러분의 꿈을 이루기 위해 어떤 노력까지 해보았는가?

한 기자가 카메론에게 물었다.

"미래의 영화감독들에게 해줄 최고의 조언은 무엇인가요?"

그는 이렇게 답했다.

"간단합니다. 감독이 되면 됩니다. 그냥 카메라를 들고나가서 뭐든 찍으세요. 누구도 먼저 와서 '오, 재능 있으시네요. 같이 영화나 찍을까요?'라고 하지 않습니다. 스스로 시작해야 합니다. 첫 영화가 얼마나 형편없든 상관없습니다. 찍으세요. 친구든 가족이든 뭐든. 그러면 나머지는 자연스럽게 따라옵니다."

자신이 진정 원하는 것이 있다면 그냥 그 일을 하면 된다. 그 외에 모든 것들은 소음일 뿐이다. 영화를 만들고 싶다면 틈틈이 시간을 내 시나리오를 쓰면 되고 배움이 필요하다면 인터넷과 책을 뒤지면 된다. 세계적 거장 제임스 카메론도 정규 교육도, 자본도, 인맥도 없이 시작했다. 그를 만든 건 단 하나, '행동'이었다.

목표를 이루기 위한 도구는 이미 우리 손안에 있다. 그 일을 시작하느냐 마느냐는 우리 손에 달려 있다. 가만히 있는 사람에게는 아무 일도 일어나지 않는다. 성공은 기다리는 사람에게는 오지 않는다. 움직이는 사람에게만 찾아온다. 오늘 멈추면 평생 그대로지만, 오늘 한 번 움직이면 인생이 바뀐다. 결국 성공은 '할까 말까'가 아니라 '했다 안 했다'의 차이다.

세계 최고 투자자를 만든 '인생철학'

"최고의 투자란 자신에게 하는 투자다."
워런 버핏

"사업에 관심이 있다면 좋은 선택지는 많습니다. 하지만 최고의 수단은 결국 '자신의 수익 창출 능력'입니다. 당신이 동네에서 최고의 의사이거나, 최고의 변호사, 최고의 선생님이라면, 심지어 10번째로 잘하는 사람이라도 먹고사는 데는 지장이 없습니다. 자본주의 세상에서는 생산 능력을 가진 이들에게 적정한 값을 지불하기 때문입니다. 당신이 재능만 있다면 분명 성공할 수 있습니다. 그렇기에 가장 좋은 투자는 '자기 자신에게 하는 투자'입니다."

버핏은 2025년 5월 3일, 버크셔 해서웨이에서 은퇴했다. 그는 90살이 넘는 나이가 되어서도 2014년형 캐딜락을 몰았고(이전 모델인 2006년 캐딜락이 고장 나 교체했다) 오마하 던디 지역의, 60년 전에 구매한 집에서 여전히 검소하게 살고 있다. 버핏은 은퇴 직전까지도 매일 출근하며 하루의 절반 이상을 책, 리포트, 신문 읽기에 할애했다고 알려져 있다. '지식을 습득하는 것을 멈추지 않는다'라는 원칙을 평생 지키며 항상 본인을 발전시키는 일을 게을리하지 않았다.

그가 말했듯, 최고의 투자는 자기 자신에게 하는 투자다. 누군가가 세계 최고의 투자처를 알려줄 수는 있지만 이는 결국 단기적일 뿐이다. 자신이 투자에 대한 지식이 없다면 결국 남의 말만 의존하는 투자자가 될 것이다. 반대로 투자에 대한 지식과 경험이 충분하다면 좋은 투자를 반복할 수 있다. 그리고 그렇게 습득한 지식은 누구도 가져갈 수 없다. 미국의 백만장자 기업가 알렉스 호도지는 아버지가 본인에게 해줬던 인상 깊은 조언에 대해 이야기했다.

"저희 아버지는 이란에서 미국으로 이민을 왔어요. 의사 면허증을 따고 의사 일을 하다가 미국으로 망경하셨죠. 그때 이란 정부는 아버지가 가진 모든 것을 빼앗아 갔습니다. 집, 차, 부동산 등 전부요. 하지만 모든 것을 가져가도 단 한 가지는 빼앗아 갈 수 없었습니다. 그건 바로 '지식'이었죠. 의사가 되기까지 쌓았던 의학 지식과 기술은 이란 정부도 빼앗아 갈 수 없었습니다."

워런 버핏이 말했듯 세상에서 가장 높은 수익률을 내는 투자처는 S&P500도 아니고, 금이나 부동산도 아닌 바로 '나 자신'이다. 당신이 쌓은 능력과 지식은 절대 빼앗기지 않는다. 위기가 와도 가치가 떨어지지 않는다. 결국 당신의 미래를 결정하는 것은 당신이 가진 자산이 아니라,

매일 조금씩 쌓아 올린 당신의 능력이다. 누적되는 능력은 복리로 성장한다. 자기 자신을 갈고닦는 사람만이 결국 진짜 부를 만든다.

버핏이 남긴 메시지는 놀랍도록 단순하다.

"돈을 벌고 싶다면, 먼저 벌 수 있는 사람이 돼라."

주식은 떨어질 수 있고, 부동산은 흔들릴 수 있고, 회사는 망할 수 있다. 하지만 당신이 쌓은 능력은 무너지지 않는다. 어떤 시대에도, 어떤 위기에도 끝까지 버티는 사람은 결국 지식을 쌓고, 사고력을 키우고, 매일 성장하는 사람이다. 진짜 부를 만드는 건 투자 기술이 아니라 자기 자신에 대한 끊임없는 투자다.

| 부록 |

SUCCESS
PATTERN

세상에서 가장 성공한 사람들이 추천한 22권의 책들

『사피엔스』 유발 하라리

CONTENTS

인류가 어떻게 지금의 문명을 만들었는지 '진화·역사·경제·사회' 전체를 관통하는 통찰을 제공하는 책.

REFERENCE

빌 게이츠, 마크 저커버그, 버락 오바마

『죽음의 수용소에서』 빅터 프랭클

CONTENTS

나치 강제수용소 생존 경험을 바탕으로, 절망 속에서도 인간이 의미를 발견하는 방법을 탐구.

REFERENCE

스티븐 코비, 토니 로빈스(영향받은 책으로 언급)

『원칙』 레이 달리오

CONTENTS

브리지워터를 40년 만에 세계 최대 헤지펀드로 성장시킨 레이 달리오의 일과 삶의 원칙에 관한 책

REFERENCE

팀 페리스, 빌 게이츠, 아리아나 허핑턴

『Zero to One』 피터 틸

CONTENTS

창업·혁신의 본질을 '0에서 1을 만드는 독점적 아이디어'로 정의한 스타트업 명저.

REFERENCE

일론 머스크(공개 언급), 마크 저커버그, 샘 올트먼

『생각에 관한 생각』 **대니얼 카너먼**

CONTENTS

인간 사고의 두 시스템(빠른 직관 vs 느린 논리)을 분석한 행동경제학의 명작.

REFERENCE

빌 게이츠, 찰리 멍거, 버락 오바마

『설득의 심리학 1』 **로버트 치알디니**

CONTENTS

사람들이 왜 설득에 넘어가는지를 6가지 핵심 원칙으로 분석한 설득 및 마케팅의 절대 고전.

REFERENCE

피터 틸, 알렉스 호모지, 제프 베조스

『4시간만 일한다』 **팀 페리스**

CONTENTS

시간을 투자해 돈을 버는 삶에서 벗어나, 시스템과 자동화를 구축해 '일을 하지 않아도 돈이 들어오는 구조'를 만드는 것에 관한 책

REFERENCE

다니엘 핑크, 월터 아이작슨, 사이먼 사이넥

『하드씽』 **벤 호로비츠**

CONTENTS

CEO가 겪는 현실적 문제들을 솔직하게 다룬 실전 경영서.

REFERENCE

마크 저커버그, 일론 머스크, 피터 틸, 젠슨 황

『슈독』 **필 나이트**

CONTENTS

나이키 창업자 필 나이트의 초기 고난·모험·집념을 기록한 최고의 기업가 회고록.

REFERENCE

워런 버핏(올해의 책), 빌 게이츠, 사티아 나델라

『아틀라스』 에인 랜드

CONTENTS

'창조적 개인이 사라진 세계에서 사회가 어떻게 붕괴하는가'를 그린 철학 소설

REFERENCE

마크 큐반, 일론 머스크, 팀 페리스, 피터 틸

『혁신기업의 딜레마』 클레이튼 크리스텐슨

CONTENTS

성공한 기업이 혁신 기술을 외면하거나 대응하지 못해 스스로 몰락하는 패턴을 분석한 책.

REFERENCE

스티브 잡스, 제프 베조스, 가이 가와사키, 리드 호프먼

『아주 작은 습관의 힘』 제임스 클리어

CONTENTS

작고 지속 가능한 습관이 인생 전체를 변화시키는 시스템을 소개.

REFERENCE

저스틴 칸, 팀 페리스, 칼 뉴포트

『연금술사』 파울로 코엘료

CONTENTS

소년 산티아고의 여정을 통해 '자기 스명'을 향한 용기와 운명을 이야기하는 현대 우화.

REFERENCE

윌 스미스, 오프라 윈프리, 르브론 제임스, 코비 브라이언트

『명상록』 마르쿠스 아우렐리우스

CONTENTS

로마 황제 마르쿠스 아우렐리우스가 스스로에게 남긴 철학적 기록으로, 혼란 속에서도 마음을 다스리고, 이성, 덕, 자기 통제를 통해 흔들리지 않는 삶을 사는 법을 가르치는 스토어 철학의 정수.

REFERENCE

빌 클린턴, 아리아나 허핑턴, 샘 올트먼, 라이언 홀리데이

『더 피어오르기 위한 전쟁』 스티븐 프레스필드

CONTENTS

창작, 사업, 운동, 목표 달성 과정에서 우리를 방해하는 '저항resistance'의 정체를 밝히고, 그 저항을 이겨내 매일 창조하는 프로의 자세를 갖추는 방법을 설명한 책.

REFERENCE

팀 페리스, 세스 고딘, 조 로건, 라이언 홀리데이

『하이 아웃풋 매니지먼트』 앤드루 S.그로브

CONTENTS

전) 인텔 CEO 앤드루 그로브가 팀, 조직의 생산성을 극대화하는 실전 관리 원칙을 정리한 책.

REFERENCE

마크 저커버그, 벤 호로비츠, 브라이언 체스키, 젠슨 황

『안티프래질』 나심 탈레브

CONTENTS

충격, 혼란, 스트레스, 변동성에 의해 오히려 더 강해지는 시스템을 설명하며, 불확실한 세상에서 개인, 기업, 국가가 무너지지 않고 성장하는 법칙을 제시하는 탈레브의 핵심 철학서

REFERENCE

대니얼 카너먼, 말콤 글래드웰, 나발 라비칸, 팀 페리스

『스티브 잡스』 월터 아이작슨

CONTENTS

잡스의 어린 시절, 창업 과정, 실패와 복귀, 애플 제품 철학, 리더십, 성격까지 그의 삶 전체를 날것 그대로 기록한 공식 전기

REFERENCE

빌 게이츠, 일론 머스크, 레이 달리오, 존 도어, 미스터비스트, 브라이언 체스키, 팀 쿡

『인간관계론』 데일 카네기

CONTENTS

타인을 이해하고 마음을 얻는 법 그리고 신뢰, 영향력, 소통, 리더십의 본질을 구체적 사례로 설명한 '인간관계 교과서' 같은 책

REFERENCE

알렉스 호모지, 워런 버핏(인생 책 중 하나), 찰리 멍거, 스티븐 코비

『듄 시리즈』 프랭크 허버트

CONTENTS

아라키스라는 사막 행성을 둘러싼 권력, 정치, 생태, 종교, 예언, 인간의 본성을 다룬 SF 대서사시

REFERENCE

일론 머스크, 제프 베조스, 세스 고딘, 퓨디파이, 조지 R. R 마틴

『좋은 기업을 넘어 위대한 기업으로』 짐 콜린스

CONTENTS

5년간의 방대한 데이터 분석을 통해 보통 회사가 '위대한 기업'으로 도약하는 데 필요한 핵심 원칙을 밝혀낸 책

REFERENCE

제프 베조스, 드류 휴스턴, 존 도어, 사이먼 사이넥

『마인드셋』 캐럴 드웩

CONTENTS

인간의 성장은 고정형 마인드셋과 성장형 마인드셋의 차이에서 결정되는 것이고 능력은 타고나는 것이 아니라 노력을 통해 얼마든지 성장할 수 있다는 심리학적 원리를 밝힌 책.

REFERENCE

잭 도시, 빌 게이츠, 토니 로빈스, 사티아 나델라, 애덤 그랜트, 다니엘 핑크

성공패턴의 인생 책 33권

『죽음의 수용소에서』 빅터 프랭클

『거의 모든 것의 역사』 빌 브라이슨

『성공의 열쇠』 나폴레온 힐 Master edition

『생각에 대한 생각』 대니얼 카너먼

『원씽』 게리 켈러

『아주 작은 습관의 힘』 제임스 클리어

『싯다르타』 헤르만 헤세

『설득의 심리학 1』 로버트 치알디니

『인간관계론』 데일 카네기

『세이노의 가르침』 세이노

『사피엔스』 유발 하라리

『부의 추월차선』 엠제이 드마코

『이 땅에 태어나서』 정주영

『왜 일하는가/어떻게 살아야 하는가』 이나모리 가즈오

『혼돈의 시대 리더의 탄생』 도리스 컨스 굿윈

『당신도 초자연이 될 수 있다』 조 디스펜자

『지적 대화를 위한 넓고 얕은 지식 제로』 채사장

『세상에서 가장 발칙한 성공법칙』 에릭 바커

『나는 7년 동안 세계 최고를 만났다』 알렉스 바나얀

『누구도 나를 파괴할 수 없다』 데이비드 고긴스

『빈손으로 시작해도 돈이 따라올 거야』 펠릭스 데니스

『지금 하지 않으면 언제 하겠는가』 팀 페리스

『섀클턴의 위대한 항해』 알프레드 랜싱

『네 안에 잠든 거인을 깨워라』 토니 로빈스

『그릿』 앤절라 더크워스

『자치통감』 장궈강 Hard Cover

『위닝』 팀 그로버

『멘탈리티』 팀 그로버

『하버드 상위 1퍼센트의 비밀』 정주영

『결국 당신은 이길 것이다』 나폴레온 힐

『원칙』 레이 달리오

『언카피어블』 짐 매켈비

『성룡: 철들기도 전에 늙었노라』 성룡/주묵

에필로그

자기 계발의 대가 토니 로빈스는 한 인터뷰에서 성공하는 궁극적인 방법으로 '패턴 판별Pattern recognition' 능력에 대해 설명했다.

"세상에는 패턴이 존재합니다. 경제와 주식에서도 사이클처럼 이 패턴이 계속 반복되죠. 반복되는 패턴을 알아낼 수 있다면 이 사람은 분명히 성공할 수 있을 겁니다."

우리가 지금껏 이 책에서 만나본 수많은 이야기를 보면 신기하게도 이 말이 맞는듯하다. 성공한 사람들의 시작점, 환경, 상황 등은 모두 달랐지만, 그들의 이야기에는 반복되는 패턴이 있다. 바로 목표를 가지고 정진하며 매 순간 더 나은 사람이 되기 위해 노력했다는 것. 위 이야기는 인간의 성장에 관한 이야기이기도 하다. 이 책을 읽고 여러분의 가슴에 한 가지만 남길 수 있다면 이것만은 기억하자.

꿈을 잃지 않고 평생을 더 나은 사람이 되기 위해 노력하는 사람은 언젠가는 성공한다(단, 중간에 포기하지만 않으면 말이다).

역사는 증명한다. 가장 위대한 성취는 가장 큰 어려움 뒤에 찾아왔다는 것을. 가장 밝은 새벽은 가장 어두운 밤 끝에 찾아온다는 것을. 중요한 것은 그 어둠 속에서도 빛을 향해 걸어가는 것을 멈추지 않는 것이다. 성공으로 가는 길은 절대 평탄하지 않다. 매일 같이 찾아오는 고난과 사투를 벌여야 하고, 때로는 모든 것이 무너지고 실패하는 듯한 절망적인 순간을 맞닥뜨리게 된다. 그러나 그 순간에도 포기하지 않고, 한 걸음씩 앞으로 나아간다면, 여러분의 꿈은 반드시 이루어질 것이다.

매일의 힘듦과 사투를 벌이고 모든 것이 무너지는 것 같은 순간을 맞닥트려도 포기하지만 않으면 당신은 해낼 수 있다. 여러분이 꿈을 포기하고 싶어질 때마다 이 책 안에 있는 성공 신화를 읽으며 다시 일어설 힘과 앞으로 나아갈 용기를 얻기를 바란다.

성공 패턴 (홍인기)

성공 패턴: 모든 성공에는 패턴이 존재한다

초판 발행 | 2025년 12월 9일

글 | 홍인기
발행인 | 신하영 이현중
펴낸 곳 | Deep&Wide

편집 | 신하영 이현중
표지 디자인 | STUDIO 보글
도서 기획 | 신하영 이현중 김철
마케팅 | 신하영 이현중 김철

주소 | 서울특별시 마포구 양화로3길 55 어반오아시스 301호
이메일 | deepwidethink@naver.com
ISBN | 979-11-91369-73-1 (03810)

딥앤와이드는 책에 관한 아이디어나 조언 그리고 원고 투고를 언제나 기다리고 있습니다.
deepwidethink@naver.com으로 당신의 아이디어를 보내주시고 출간의 꿈을 이루어보시길 바랍니다.
당신도 멋진 작가가 될 수 있습니다.